스탠퍼드는
이렇게 창업한다

경제위기에서 최고의 성과를 올려줄 '스탠퍼드식' 창업 공식

스탠퍼드는 이렇게 창업한다

초판 1쇄 인쇄 2020년 4월 7일
초판 1쇄 발행 2020년 4월 14일

지은이 강환규

발행인 백유미 조영석
발행처 (주)라온아시아
주소 서울특별시 서초구 효령로 34길 4, 프린스효령빌딩 5F

등록 2016년 7월 5일 제 2016-000141호
전화 070-7600-8230 **팩스** 070-4754-2473

값 15,000원
ISBN 979-11-90233-91-0 (03320)

라온북은 독자 여러분의 소중한 원고를 기다리고 있습니다. (raonbook@raonasia.co.kr)

STANFORD STARTUP

경제위기에서 최고의 성과를 올려줄
'스탠퍼드식' 창업 공식

스탠퍼드는
이렇게 창업한다

강환규 (Tim Kang) 지음

RAON BOOK

이 책을 자랑스러운 아들 시꽁, 귀여운 딸 서구리,
존경하는 아내이자 세상에서 가장 사랑하는 여인 소피노자에게 바칩니다.

인생과 창업의 ABCD

A. After - 4차원 나비

나비는 애벌레와 차원이 다르다. 가장 아름답고 자유롭게 꽃과 공간을 즐긴다. 저자는 아주 독특하게 아이들뿐 아니라 부모 교육도 함께하는 마주봄 교육을 하고 있다. 아무리 아이들 교육을 잘해서 보낸다고 해도, 여전히 TV 드라마와 스마트폰에 붙들려 있는 가정 분위기와 교육 철학이 부재한 부모 밑에서는 한계가 있음을 간파한 것이다.

아이들이 고전과 독서로 좋은 습관으로 살아나고, 부모들이 독서와 자기 경영으로 회복되는 놀랍고 기적 같은 일들이 일상이 되고 있다.

저자 강환규 마스터와 돕는 배필 박혜원 마스터 그리고 헌신된 운영자들이 이끌어가는 '송도나비' 독서 모임은 지역 명소가 되었다. 외로움이 담배 15개비를 흡연하는 것만큼 해로운 '질병'으로 분류되는 시대다. 현대인의 소외, 외로움을 해결하는 독서포럼 송도나비의 선한 영향력에 뜨거운 박수를 보낸다.

B. Before - 1차원 애벌레

땅을 기는 것이 애벌레의 숙명이다. 나비가 알을 낳고 애벌레가 되어 번데기를 거쳐 다시 나비가 되는 비율이 3퍼센트 정도밖에 되지 않는다. 97퍼센트 애벌레는 뚱뚱한 애벌레로 남는다. 새들에겐 최고의 먹잇감이다. 많은 사람들이 그렇듯 저자 강환규 대표는 현실에 안주하는 평범한 직장인이었다. 내가 진행하는 교육에 입소하여 훈련하던 중 사직했다는 말에 좀 당황스러웠다. 교육 비용도 만만찮은데 우리 연구소 교육을 거의 대부분을 신청했다. 월급도 받지 못하는 상태에 생활비며 아이들 양육비까지…….

게다가 두 부부 모두 직장을 그만둔 상태에서 두 부부 모두 비싼(?) 교육을 모두 받았기에 걱정과 안타까움이 더했다. (저 애벌레 부부 '정말' 걱정된다!)

C. Change & Challenge - 번데기

애벌레 중 3퍼센트만이 번데기에 들어간다. 어둡고 답답한 번데기가 불편하고 싫기 때문이다.

저자는 아내를 따라서 우리 연구소 교육에 입소한 후 건너온 다리를 불태우고 배수진을 쳤다. 3P프로 과정, 코치 과정, 독서기본 과정, 독서리더 과정, 마스터(강사) 과정, 보물찾기(초등)코치 과정 등을 쉬지 않고 미친 듯 섭렵했다. 그렇게 폭풍 성장을 했다. 입력으로 끝내지 않고 끊임없이 아웃풋을 만들어갔다. 연간 120권의 책을 읽고, '본깨적'을 하고, 바인더를 만들고, 독서 모임을 만들고 교육 회사를 창업하고……. 그야말로 이 책의 핵심 콘셉트인 ① 자기경영 ② 인문학 ③ 기업가 정신을 통해 실직자에서 경영자로 우뚝 선다. 희망의 증거가 되었다.

D. DNA - 알

알은 씨앗이다. DNA가 담겼다. 나비의 목적은 재생산이다. '내가 하는 일의 열매는 다른 사람의 나무에서 열린다'라는 말은 우리가 좋아하는 슬로건이다. 나비모임 책 박수는 "공부해서 남을 주자"

로 끝난다.

지구상 가장 핫한 창업 공간이 실리콘밸리다. 그 중심에 스탠퍼드대학교가 있다. 스탠퍼드대학교 출신이자 '페이팔' 창업자 피터 틸은 본인의 성공에 안주하지 않았다. 창업자 엑셀러레이터, 벤처 캐피탈 등 창업 생태계를 만들어 수많은 창업자를 성공시켰고, 이른바 '페이팔 마피아'라고 불리고 있다. 유튜브, 에어비앤비, 테슬라, 야머, 스페이스엑스, 링크드인, 엘프, 팰런티어 등 시가 10억 달러에 달하는 회사 일곱 개를 비롯해 수많은 스타트업을 인큐베이팅하고 있다. 확대 재생산이다. 저자 강환규 대표의 미래가 궁금하고 기대된다. 본인의 성공 넘어 창업을 열망하는 꿈쟁이들에게 일독을 권한다.

3P자기경영연구소 대표, 독서포럼 나비 회장, 독서 혁명가

강규형

경쟁하지 말고 독점하라

이 책은 창업하는 방법에 대한 내용을 다룬 것이 아니다. 창업가의 역량을 키우기 위한 행동 지침서 같은 책이다. 내가 좋아하고 잘하는 일을 하고 싶은가? 그럼 이 책이 큰 도움이 될 것이다. '좋아하는 일보다 창업을 해서 돈을 버는 것이 우선이다'라고 생각하는 사람도 읽었으면 좋겠다. 결과를 위한 책이 아니라 과정을 위한 책이다. 다른 사람에게 내 시간과 생각을 맡기려는 사람이 아니라 다른 사람을 위해 그리고 결국 나를 위해 내 시간과 생각을, 열정을 다 바쳐 기꺼이 사용하려는 사람을 위한 책이다.

내가 원하는 결과를 위해 기꺼이 그 과정을 받아들이는 사람이 읽었으면 좋겠다. 이 책에서 다룬 많은 거인들의 결과보다 그 과정을 가슴속에 심었으면 좋겠다. 내가 하고 싶은 일을 하는 중간에 길을 잃어 방황하고 있다면, 이 책에 나온 창업가들의 삶을 바라보며 방향을 찾아가는 데 도움을 받으면 어떨까?

책에 써 있는 대로 실천하게 된다면 나와 주변의 행복을 책임지는 사람이 될 것이다. 내 삶의 책임을 다른 곳으로 돌리는 사람이 이 책을 집어 들었다면, 그냥 다른 책을 골랐으면 좋겠다. 내 삶을 스스로 책임지려는 의지와 결심을 가지고 있다면 이 책은 당신을 성장시킬 것이고 당신의 삶의 무기를 장착시켜줄 것이다.

한 아이가 있었다. 공부를 잘했고 하버드대학교에도 합격했다. 부모는 교육이 엄격한 곳에서 아이를 공부시켰지만 아이 스스로는 아주 많은 자유를 추구하였다. 하버드는 경쟁주의의 상징이라고 생각되었고, 자유에서 너무 멀어지는 것 같은 생각이 들었다. 그냥 집에서 가까운 스탠퍼드대학교 철학과에 입학했다. 경쟁을 싫어해서 독점을 좋아했다. 스탠퍼드 로스쿨에서 법무박사 학위를 받은 후 고액 연봉을 받으며 로펌과 금융업계 취직하는 데 성공하지만, 그에게는 감옥과도 같았다. 곧 자유를 향해 스타트업 창업에 뛰어들었고 큰 성공을 거두었다. 2012년 스탠퍼드대학교에서 스타트업 강의를 열었고 일주일 만에 300명 이상의 수강 신청자가 몰렸다. '0 to N이 되지 말고 0 to 1이 돼라(남들이 하는 그런 창업을 하지 말고, 업계를 독점

할 수 있는 유일한 창업을 하라)'는 메시지를 들은 많은 스탠퍼드 학생들이 학교 근처 실리콘밸리의 벤처기업으로 뛰어들었고 많은 혁신 기업들을 만들었다.

스탠퍼드의 앙트레프레너십이 꽃을 피운 이 사람은 페이팔의 창업자 피터 틸이다. 피터 틸은 0 to N이 되는 음식점 창업은 절대 하지 말라고 한다. 하지만, 나는 생각이 다르다. 0 to 1이 될 수 있는 창업가 역량을 갖춘 사람이 음식점을 한다면, 음식점으로 세계를 집어삼킬 수 있지 않을까? 스탠퍼드의 창업가들과 같은 역량을 가지고 내 삶을 살아간다면, 어떤 일을 해도 탁월한 삶을 살지 않을까?

이런 창업가의 역량을 만들고 싶은 사람은 이 책 속에서 길을 찾을 수 있을 것이다.

1장은 우리가 왜 스탠퍼드식 창업가의 역량을 갖춰야 하는지 이야기했다. 2장은 실리콘밸리의 핵심인 스탠퍼드 출신의 창업가들을 분석했다. 3장은 창업가 마인드셋에 대한 동기부여를 설명했다.

4, 5, 6장은 실제로 창업가 역량을 키우기 위해 실천할 수 있는 방법론을 많이 넣었으니, 그냥 책을 덮지 말고 하나라도 실행해서 이 책이 부디 삶의 든든한 무기가 되었으면 좋겠다. 모쪼록 이 책으로 세계를 누비는 창업가들의 탄생이 쏟아지길 기도한다.

김환지

| 차례 |

한국 대학생들은 왜 취직이 안 되는가?

혁신을 주도하는 스탠퍼드 출신 창업가들

경제 전쟁,
우리에겐 앙트레프레너십이 필요하다

창업 역량 1 :
나 자신을 알라. 5가지 라이프 스킬

창업 역량 2 :
인공지능을 지배하는 Only 1 창업가가 되는 비결

6장

창업 역량 3 :
부의 공식을 일으키는 '인풋'에서 '아웃풋'까지

1장

한국 대학생들은
왜 취직이 안 되는가?

스탠퍼드는
창업자들의 천국

가슴 뛰는 수업을 듣는 스탠퍼드 학생들

한국 출신으로 세계 최고의 대학 중 하나인 스탠퍼드대학교에 입학한 리나 리(Lena Lee)의 유튜브 방송을 본 적이 있다. 그녀는 입학하기도 어렵지만 졸업하기는 더 어렵다는 미국 대학에서 새벽 5시 50분부터 일어나 자정까지 공부하는 살인적인 스케줄을 소화하고 있었다. 과도한 일정으로 시험 3일 전에 감기에 걸렸을 때 혼자 약을 먹고 공부하는 모습을 보니 가슴이 뭉클했다.

이런 하루하루를 보내지만 리나 리는 참으로 밝아 보였다. 수업이 끝날 때마다 배운 내용을 이야기하며 어린아이와 같은 표정으로 너무 재미있다고 말했다. 스탠퍼드에서 공부하는 것이 너무 신나고 재미있어 못 견디겠다는 그녀의 표정을 보며 이 사소하면서도 일상적인 모습에서 스탠퍼드의 힘을 보았다.

한국 대학생들이라면 어땠을까? 한국 학생들은 가슴을 뛰게 하
는 수업을 찾아 듣기보다는 학점을 잘 주는 수업을 듣는다. 자신을
성장하게 하고 도전할 수 있는 수업보다 과제가 적은 수업만 골라
듣는다. 사람들과 소통, 협력하고 리더십과 팔로어십을 높일 수 있
는 조별 과제가 있는 수업은 가장 기피하는 1순위다. 배움의 본질에
서 벗어난 취업을 위한 공부가 마음을 쓸쓸하게 한다.

세계 최고의 스타트업 양성소

스타트업 전문 분석업체 CB인사이츠에 따르면 스탠퍼드대학교
출신은 평균 16퍼센트가 재학 중이나 졸업 후 창업에 나선다고 한
다. 한국의 대학 졸업생 중 창업하는 비율이 평균이 0.8퍼센트 수준
이라는 것을 감안하면 20배에 달하는 수치다.

창업은 적극적으로 사회에 기여하고 부를 창출하는 방법이다.
고객의 소비를 이끌어내기 위해서는 지불한 비용 이상의 가치를 제
공해야 한다. 사업가는 고객의 소비를 통해 고용과 부를 창출한다.
사업가가 '사업'이라는 과정을 온전히 지나기 위해서는 사람에 대한
철저한 공부가 필요하다. 사업을 할 때 핵심 기술도 중요하지만 경
제학, 경영학, 심리학, 사회학, 역사, 지리 등 사람의 특성과 환경에
대한 실천적 지식과 맞물려야 폭발적인 성과를 낼 수 있고, 그 성과
를 지속할 수 있기 때문이다.

기술 교육뿐 아니라 인문 교육에 이르기까지 세계 최고의 커리큘럼으로 사람에 대한 공부를 하는 곳이 바로 스탠퍼드대학교다. 이를 통해 스탠퍼드는 세계 최고의 대학이라는 명예를 얻었고, 세계 최고의 창업가 양성소가 되었다. 하버드대학교 입학 경쟁률이 10 대 1인 데 비해 스탠퍼드대학교 입학 경쟁률은 20 대 1이다. 스탠퍼드대학교 출신의 억만장자만 30명이고 현재 스탠퍼드 출신의 기업가는 1만 8,000여 명으로 추정된다.

스탠퍼드대학교 근처에는 스타트업의 요람 실리콘밸리가 있다. 스탠퍼드 출신으로 휴렛팩커드를 창립한 윌리엄 휴렛(William Hewlett)과 데이비드 팩커드(David Packard)는 현재 실리콘밸리의 시초를 닦은 인물이라고 할 수 있다. 스탠퍼드 출신의 창업가들은 스탠퍼드 대학생들의 훌륭한 롤 모델이 되어 새로운 창업가를 만드는 데 지대한 영향을 미치고 있다. 2019년도 스탠퍼드 HAI(Human-Centered Artificial Intelligence) 포럼은 이 학교 출신의 창업가뿐 아니라 하버드대학교를 중퇴한 창업가 빌 게이츠를 초청해서 학생들과 질의응답 시간을 가졌다. 게이츠의 연설에서 크게 감동받은 학생들에게는 어떤 롤 모델이 생길까? (재미있는 사실은 스탠퍼드대학교 컴퓨터공학과 건물 이름은 '게이츠 빌딩'이다. 빌 게이츠의 기부금으로 지어졌기 때문이다.)

한국 대학생의 현실

한국 대학생들의 목표는 무엇일까? 소위 SKY(서울대, 연세대, 고려대)를 나와야 성공한다는 압박으로 왜 공부해야 하는지 스스로 생각해보지 않고 세 살 때부터 선행학습을 해가며 대학에 진학한 그들은 어떤 목표를 가지고 있을까?

한국 대학생 절반 이상이 취업에 대한 고민에 빠져 있고, 다섯 명 중 한 명은 진로 결정을 하지 못하고 있으며, 100명 중 두세 명은 창업을 고민 중이다. 선호하는 직업은 1위 공무원, 2위 공기업, 3위 대기업 순이다. 이들 세 곳은 모두 살인적인 경쟁률로 합격하기가 쉽지 않다. 기적적으로 한 번에 성공한 소수를 제외하고는 대다수가 노량진 공시생으로, 공기업과 대기업 취준생으로 지낼 수밖에 없다. 서울대학교 학생 중 절반은 우울증에 시달린다는 기사가 있을 정도로 지금 한국의 대학과 대학생은 위기다.

한국인의 평균 지능지수(IQ)는 세계 최고 수준이다. 공시생들은 1.8퍼센트의 합격률을 뚫기 위해 하루 8시간씩 공부하고 있다. 옛 어르신들이 성공하려면 머리가 좋거나 열심히 노력하라고 했는데, 최고의 머리를 가지고 최선의 노력을 다하고 있는 한국의 청년들은 왜 취업이 안 되는 것일까? 세계에서 머리가 가장 좋다는 한국 대학생들의 재능, 열정, 에너지, 시간은 어디로 흐르고 있는가?

4년제 대학생 취업률은 4년 연속 하락하여 62.2퍼센트가 되었다. 세계 최고가 될 수 있는 여건을 두루 갖추고 있는데 왜 이렇게 취업이 어려운 것일까? 이것이 내가 스탠퍼드대학교 창업 교육에 관심을 가지게 된 계기다.

무엇이 스탠퍼드 학생들을 강하게 만들까?

스탠퍼드대학교 교수들의 책, 학생들이 만든 유튜브, 관련 사이트는 물론 졸업생들을 조사하고, 재학생들을 인터뷰했다. 시종일관 품었던 화두는 '무엇이 스탠퍼드 학생들을 강하게 만들었는가?'였다.

스탠퍼드에 관한 자료가 많지 않았지만 관련 내용을 보면 인문 교육, 디자인 싱킹(Design Thinking), 리더십, 사람에 대한 공부, 건강 관리 등 여러 가지 이유가 있었다. 하지만 3년 동안 교육 전문가로 전국을 돌아다니며 강의한 나의 결론은, 스탠퍼드 학생들은 스탠퍼드식 창업가 역량을 가지고 있다는 것이다. 이를 바탕으로 졸업 후 실리콘밸리 스타트업에 과감히 취업하는 것은 물론이고 창업가로서 큰 도전을 할 수 있고, 글로벌 기업의 최전방 인재로 거듭날 수 있다.

단지 창업가 역량으로 '특별한 스탠퍼드 대학생'이 만들어질까? 하는 의구심이 들지도 모른다. 이제부터 스탠퍼드식 창업 교육이 어떻게 삶과 교육에 구현되는지 자세히 살펴보겠다. 이 책의 내용이 한국 교육 환경에서 실현될 수 있다면 지금까지의 모든 패러다임을 뿌리째 뒤흔드는 교육 혁명이 일어날 것이다. 왜냐하면 '성적을 올리는 교육'은 '문제를 해결하는 교육'으로, '지식을 공부하는 것'은 '사람을 공부하는 것'으로, '교수를 만드는 교육'은 '창업하는 교수를 만드는 교육'으로 방향이 바뀌기 때문이다.

스탠퍼드식 창업가란, 나를 단련하고 사람들과 소통하며 사람에 대한 사랑을 공부하는 문제 해결 전문가다. 글로벌 기업에서 선호하는 인재상은 '6C 역량'을 가진 인재다. 21세기 역량인 6C는 '협력(Collaboration)', '의사소통(Communication)', '콘텐츠(Contents)', '비판적 사고(Critical Thinking)', '창의적 혁신(Creative Innovation)', '자신감(Confidence)'을 말한다.

함께 일하는 데 필요한 의사소통 능력과 협업 능력, 사업 아이템을 찾기 위한 비판적 사고 능력과 창의적 혁신, 이를 도전하게 하는 자신감, 자신만의 스토리인 콘텐츠가 있는 사람이 세상의 부와 성공의 기회를 거머쥘 수 있다. 스탠퍼드식 창업가 역량을 지닌 사람은 나를 알아가는 공부와 다른 사람의 문제를 해결하는 공부를 뿌리부터 철저하게 한다.

인문학을 듣는 컴퓨터 공학자

스탠퍼드대학교 컴퓨터 공학과는 필수/선택 과목 6학점을 들어야 전공과목을 들을 수 있다. 알고리즘, C언어, 데이터베이스 등 듣기만 해도 머리가 아픈 고난이도의 컴퓨터 관련 필수/선택 과목 중에 눈에 띄는 한 과목이 있다. 유일하게 컴퓨터와 관계없는 인문학이다. 대체 컴퓨터를 전공하는 사람이 왜 인문학을 들어야 할까? 인문학은 바로 사람에 대한 공부이기 때문이다.

명문대생만 뽑기로 유명한 세계 최고의 컨설팅 회사 매킨지에서는 최근에 특이한 경력을 가진 신입사원을 채용하기 시작했다. 사업체를 차려 망해봤거나, 학교를 자퇴하고 미국을 1년 동안 돌아다니며 서커스 공연을 해보는 등 자신만의 콘텐츠를 가진 도전하는 인재를 뽑기 시작한 것이다. 취업 시장에서 창업을 해본 사람의 경험은 성공했든 실패했든 큰 자산이자 좋은 경쟁력이다. 실제로 창업은 사람을 성장시키는 큰 경험이자 좋은 환경이다.

AI가 전문직을 대신한다고 한다. 일본의 은행은 지점의 4분의 1이 폐점되었으며, 많은 전문직들이 일자리를 잃었다. 변화된 미래가 속속 다가오고 있는데 우리는 어디로 가야 하는가? 가치를 만들고 직업을 만드는 창직(創職), 창업의 영역으로 앞서 나가는 것은 어떨까? 내가 좋아하고 잘하는 분야에서 하루에 18시간씩 3년간 신나게 몰입한다면 성공하지 못할 일이 무엇이 있을까? 실패한다 하더라도 삶의 위대한 성장과 성공의 밑거름이 될 것이라 확신한다.

공시생 44만 명 시대,
한국 젊은이들은 어디로 가는가?

"지옥 같다. 멀쩡한 사람도 아플 것 같다"

"5시 50분에 일어나서 12시까지 공부하고 그 다음 날도 마찬가지고……. 주말도 똑같아요. 매일 똑같습니다."

"지옥 같다. 여기 있으면 멀쩡하던 사람도 건강이 상할 것 같다."

우리나라 공무원 시험 준비생(공시생)의 한탄이다. 살인적인 과정으로 소문난 미국 스탠퍼드 학생과 시험을 준비하는 공시생의 하루는 언뜻 다를 바가 없어 보인다. 그런데 한쪽은 모든 공부가 재미있다고 하고 다른 한쪽은 매 순간이 지옥 같다고 한다. 같은 순간 다른 곳으로 젊음이, 열정이, 에너지가 사용되고 있다. 같은 노력이라면 어느 쪽이 더 성장과 성공을 거머쥘 확률이 높을까?

2018년 발표에 따르면 우리나라의 공시생은 약 44만 명으로 청년 인구의 7퍼센트에 육박하며 기회비용은 약 17조 원에 이른다고 한다. 2018년에는 구직 단념자가 58만 명에 이르러 통계 작성 이후 최다를 기록했다. 공무원 평균 합격률이 1.8퍼센트라고 하니 성공하는 소수를 제외하고는 매년 얼마나 많은 청년들이 실패의 고비를 마실지 그 삶의 자리가 묵직하게 마음을 덮는다.

우리나라 아이들은 초등학교부터 12년 넘도록 주입식 교육을 받으며 자란다. 새로운 것에 도전하는 재미나 지적인 호기심을 탐구하는 시간이 절대적으로 부족한 탓에 자기 삶에서 진정 의미가 있는 것이 무엇인지 고민하는 시간을 갖지 못한다. 앞만 보고 달려야 하는 경주마처럼 아이들은 그 경쟁이 얼마나 치열하든지 새롭고 격한 경기장에 자신을 내던진다. 시민을 위해 봉사하고 그들의 문제를 해결해주는 것이 정말 가치 있는 삶이라고 생각하며 공무원 생활을 하는 사람이 몇이나 있을까?

공무원은 앞으로도 안정적일까?

공무원이 가지는 장점은 분명히 많다. 정시 퇴근과 휴일이 보장된 근무 조건, 워라밸(일과 개인 생활의 균형)을 추구할 수 있고 복지도 잘 갖추어져 있다. 고용주가 나라이기 때문에 정년까지 보장된 삶을 살 수 있다. 그런데 과연 그럴까?

2045년까지 전 세계 70퍼센트의 공무원이 AI로 대체된다는 예측이 있다. 2045년이면 불과 26년 후다. 지금 1.8퍼센트를 뚫고 진입한 공무원들 가운데 다시 70퍼센트가 일자리를 잃게 된다는 말이다. 많은 국가에서 공무원 인사 혁신을 단행하고 이를 통해 다가올 미래 사회를 준비하고 있다. 싱가포르 정부는 수년 전에 전략미래센터(The Center for Strategic Futures, CSF)를 만들어 미래를 예측했다. 싱가포르 공무원은 대기업과 맞먹는 월급을 받고 비즈니스맨처럼 일한다. 글로벌 트렌드와 신기술에 따라서 공무원이 수시로 바뀌고 전문가들을 영입한다. 평가 방식도 성과와 잠재력을 A·B·C·D·E 5등급으로 분류하여 진행되며, 평가 결과에 따라 성과급, 승진, 계약 연장, 해지 결정를 받게 된다. D등급 및 E등급의 저성과자는 9개월간의 성과 검토를 거친 뒤 이후에도 개선되지 않을 경우 공직에서 퇴출된다. 서비스에서 경쟁력이 없으면 공무원일지라도 도태되는 것이다("정부 효율 톱 싱가포르는 전문공무원 따로 육성", 〈중앙일보〉 2017. 9. 11. 참조).

우리나라도 공무원이 대기업 사원처럼 일하면 공무원 사회가 변하지 않을까? 연봉도 높고 전문적 식견도 높은 공무원 사회가 된다면 AI 시대에도 경쟁력 있는 직군으로 남을 것이다. 삶의 행복을 추구하는 1990년대생들에게 공무원은 매우 매력적인 직업으로 보인다. 하지만 생각보다 그렇게 안정적이지 않다는 것이 미래학자들의 전망이다. 그 안에서도 끊임없이 성장하고 자신을 계발하는 사람만이 인공지능을 이기고 살아남게 될 것이다.

스탠퍼드 대학생들은 인공지능을 이기기 위해 어떤 공부를 할까? 앞에 말했던 리나 리는 아침 9시 30분 수업이 있을 때 일찍 일어나 6시 30분부터 공부하는 것이 무척 좋다고 이야기한다. 자신이 쏟는 현재의 노력과 과정을 즐길 수 있는 역량이 충분하기 때문이다. 저녁에는 스탠퍼드대학교 심리학과 캐럴 드웩 교수가 쓴 베스트셀러 《마인드 셋》을 읽으려고 아침에 미리 공부하는 것이 매우 즐겁다고도 한다.

아무리 바쁘고 스케줄에 쫓겨도 책을 읽는 시간을 확보하는 모습이 대단히 인상적이었다. 학교 공부만이 아니라 자기계발서도 읽으면서 스스로를 성장시키는 법을 알아가는 것이다.

짐 로저스가 마주친 '절망'

미국의 3대 투자가 중 하나인 짐 로저스는 자신이 투자할 곳을 직접 찾아다니며 확인하는 것으로 유명하다. 그는 2017년 한국을 방문했을 때 노량진을 찾았다. 한 나라의 미래 가치는 청년들이 많이 모여 있는 곳에 있다고 생각했기 때문이다. 짐 로저스는 그곳에서 한국 공시생들의 삶을 보고 큰 충격을 받았다고 했다. 미국 청년들에게 꿈이 뭐냐고 물어보면 빌 게이츠나 스티브 잡스, 마크 저커버그 같은 혁신적인 사업가나 워런 버핏과 같은 투자가라고 하는데, 한국 청년들은 '절망적일 정도'로 안정을 추구한다는 것이다. 공무원 월급은 나라의 세금에서 나오고 세금은 기업가가 만든 사업에서 나오는 법인데, 나라의 미래가 어떻게 되겠냐는 워런 버핏의 말이 뼈가 시리게 다가왔다.

나는 6년 차 강사다. 300~400명 앞에서 강의하는 것이 전혀 두렵지 않다. 다만 두려운 곳이 두 곳 있는데, 중3 학생들의 강의와 공무원 대상 강의다. 마치 영하의 날씨에 시베리아 한복판에서 성냥불을 켜는 기분이다(휘경여중은 예외다). 마치 허허벌판에 혼자 있는 느낌이다. 시간이 멈춰버린 듯 아무런 반응이 없기 때문이다. 뭐라고 하는지 알겠으니 빨리 끝내라는 표정으로 나를 바라보는 사람들 앞에서 2시간을 강의하고 나면 온몸에 힘이 쭉 빠진다. 심지어 나를 강의에 초청한 분이 도리어 죄송해하는 모습을 보면 정말 쥐구멍이라도 들어가고 싶은 기분이다.

다이내믹 공무원!

일반 공무원인데도 청보리밭 축제로 180억 원의 가치를 만들어 낸 김가성 씨가 있다. 30세에 수능을 다시 보고 현장에서 많은 아이들을 살리는 내 롤 모델인 이인희 선생님이 있다. 일반 학교 공무원에서 끊임없는 자기계발로 인천의 모든 공무원 교육을 책임지는 이호철 씨가 있다. 그분들의 삶을 보면 마치 대단한 기업가의 삶을 보는 것 같다. 그들의 문제 해결 능력이나 도전과 열정은 많은 사람들이 배울 만하다.

다이내믹 코리아! 한동안 우리나라를 상징적으로 나타내는 슬로건이었다. 세상 어디보다 역동적인 나라, 1년 전과 1년 후가 너무 다른 나라. 오래전 우리나라는 빈민국에 속했다. 태국이나 필리핀에서 원조를 받을 정도였다. 우리는 언제 태국이나 필리핀처럼 잘 살 수 있냐고 대통령 앞에서 울면서 하소연하던 나라였다. 도전과 패기와 열정이 넘쳤던 그때의 우리나라 젊은이들은 한강의 기적을 만들어냈다.

인생의 행복을 추구하는 방식은 저마다 다르다. 공무원이 되는 것이 행복을 위한 수단이 될 수 있다. 하지만 우리나라 청년들이 역동성을 다시 찾는다면 제2의 한강의 기적이 일어나는 것도 단지 꿈만은 아닐 것이다.

하이 리스크, 하이 리턴!
움직이는 사람에게 기회는 온다

크게 도전하는 자가 크게 가진다

하이 리스크 하이 리턴(High Risk High Return)이라는 말이 있다. 투자할 때 위험이 높을수록 수익도 높다는 의미다. 얼마나 위험을 감수할 수 있느냐가 시장에서 큰 기회를 가질 수 있는 역량이 된다. 동전을 던져서 앞면이 나오면 100만 원을 주는 A게임이 있고, 뒷면이 나오면 200만 원을 내야 하지만 앞면이 나오면 400만 원을 주는 B게임이 있다. A게임과 B게임 중에 어떤 게임을 하겠는가? A게임은 위험이 없고 운이 좋으면 100만 원을 벌 수 있으니 확실한 기회로 보일 것이다. 하지만 B게임이 평균 수익률은 50만 원 더 높다. 동전을 10회 던졌을 때 A게임을 한 사람은 50퍼센트의 성공률로 계산하면 500만 원의 수익을 기대할 수 있고, B게임을 한 사람은 1,000만 원의 수익을 기대할 수 있다. 인생도 이와 비슷하다. 위험을 감수할수록 평균 수익률이 높아진다.

여기에 시간이라는 개념을 넣어서 A게임과 B게임 모두 한 게임을 끝내는 데 한 달이 걸린다고 한다면, A게임을 1년 하면 600만 원을 얻게 되고, B게임을 하면 1,200만 원을 얻게 된다. 10년이 지나면 A게임을 하는 사람은 6,000만 원의 수익을, B게임을 하는 사람은 1억 2,000만 원의 수익을 올리게 된다. 위험을 감수하는 사람과 위험을 피하는 사람의 격차는 시간이 지날수록 점점 커진다.

창업은 위험이 따르는 일이다. 위험을 감수할 수 있다면 끝이 안 보이는 큰 부를 이룰 수 있다. 창업을 하는 것은 '부의 추월차선'에 올라타는 것이다.

가장 빨리 성공하는 길은 실패해보는 것이다

어느 전설적인 타자에게 "안타를 치는 비결이 무엇입니까?"라고 물어봤을 때 이렇게 대답했다고 한다.

"많이 치면 됩니다."

운 좋게 한 번에 성공을 거머쥐는 사람도 있겠지만, 부를 거둔 사람은 그만큼 시도를 많이 한 사람이다. 40대에 파리에서 사업이 망해 10억 원의 빚을 지고도 5년 만에 5,000억 원의 매출을 올리는 회사를 일궈낸 켈리 최는 성공의 비결을 이렇게 이야기한다.

"쉽게 실패하고, 빨리 실패하고, 제대로 실패해라."

실패가 성공으로 가는 지름길이라는 것이다. 지독한 실패를 해본 사람이라는 생각이 들지 않을 정도로 대담한 충고다. 실패는 두렵다. 하지만 시도하지 않고 자기 인생을 후회로 마무리하는 것은 더욱 두렵다. KFC를 창립한 커넬 샌더스는 60세가 넘은 나이에 3년 동안 90번 이상의 거절을 당하면서도 결국 자신의 가능성을 성공으로 이끌었고, 그 대가로 본인의 부는 물론 전 세계 많은 사람들이 KFC의 치킨을 즐길 수 있게 되었다.

'연쇄 창업가'가 성공률도 높다

창업 역량이 단련될수록 사업 성공률이 높아진다. 최근 구독자가 폭풍 성장하여 태풍의 눈처럼 유튜브를 강타한 백종원 대표는 개설 일주일 만에 구독자가 170만 명이 되었고, '2019년 가장 빠른 성장 속도를 보인 채널 순위 세계 3위'에 올랐다. 백종원 대표가 가진 프랜차이즈만 약 23개로, 그는 우리나라에서 가장 유명한 외식기업 전문가다. 번화가에 가보면 백종원 대표의 브랜드를 쉽게 볼 수 있다. 삼겹살, 우동, 짬뽕, 닭갈비, 죽, 비빔밥은 물론 맥주부터 커피에 이르기까지 백종원 외식 공화국이 아닌가 하는 생각이 들 정도다.

마치 창업 성공 공식을 알고 있다는 듯이 남들이 하나 성공시키기도 어려운 사업을 여러 개 할 수 있는 비결은 무엇일까? 바로 창업 경험이다. 창업을 해본 사람은 다음 창업도 쉽게 할 수 있다. 스타트업 분야에서 이런 사람들을 '연쇄 창업가'라고 부른다. 창업 경험 자체가 다음 사업을 하는 데 결정적으로 도움을 준다. 창업은 높은 수익률을 가지고 있지만 위험이 따른다. 하지만 그 위험마저도 낮출 수 있는 사람들이 있다면 그리고 그 시도와 성공을 끊임없이 하고 있다면 세상의 부는 누구에게 향하게 되겠는가?

성장할 수밖에 없는 환경이 있다

세상은 공평하지 않다. 같은 노력을 한다고 해서 같은 보상이 따르지 않는다. 일을 열심히 하는 것도 중요하지만 잘하는 것이 더 중요하다. 속도도 중요하지만 방향이 더욱 중요하다. 위험을 피하기만 한다고 해서 내가 원하는 삶이 찾아오지 않는다. 오히려 적극적으로 위험을 무릅쓰고 도전한다면 원하는 삶을 살 수 있다. 좋아하는 이성이 있다면, 가슴이 터질 듯 두려워도 고백을 해야 설레는 연애를 시작할 수 있다.

처음 연구소를 열 때 나도 매우 두려웠다. 초보 강사로 불안정한 수입에 월세와 관리비 200만 원을 감당할 자신이 없었다. 하지만 더 이상 고객님들이 강의장을 찾아다니게 할 수 없었다. 무료 강의장은 더 급한 일정으로 인해 쫓겨나기 일쑤였고 유료 강의장은 너무 비싸거나 대여 조건이 까다로웠다. 강의장이 딸린 연구소를 가지는 것이 꿈이었지만 설레기만 할 줄 알았던 꿈은 월세라는 현실 앞에 두려움을 반쯤 안고 이루어졌다.

3억 원이 넘는 대출금으로 매달 130만 원의 이자를 냈고, 아파트 관리비에 생활비, 자동차 리스까지 숨만 쉬어도 월 500만~600만 원이 필요했다. 절실한 환경은 남보다 더욱 노력하게 만들었다. 전국을 다니는 살인적인 스케줄에도 매년 100권 이상의 책을 읽었고, 토요일 오전 7시에 독서 모임을 만들어 140회 이상 진행했다. 그렇게 일하면서도 일하는 것이 무척이나 행복했다. 연구소가 너무 감사했고, 오시는 한분 한분이 너무 감사했다. 월화수목금금금, 자발적으로 미쳐서 일했다.

그래도 적자는 누적되어 마이너스 통장 1,000만 원이 꽉 찼을 때 500만 원짜리 카드 청구서를 받았다. 통장 잔고만 보면 표정 관리가 안 됐다. 자존심은 바닥을 쳤고 박수갈채를 받으며 많은 사람의 삶을 변화시켜준 강사로서의 삶은 그렇게 끝나는 듯했다. 같이 일한 동업자이자 아내인 박혜원 이사에게 통장을 보여주며 이제 어떻게 하냐고 폭탄 같은 고백을 했다. 박혜원 이사는 잠깐 기다려보라며, 스스로 공부하고 R&D를 하더니 고가의 프리미엄 교육과정을 하나 만들어 6명을 모집했다. 봄들애 최고의 코치 과정인 '행동력' 탄생의 순간이었다. 행동력은 지금 8기까지 성황리에 진행 중이고 많은 사람들의 삶을 변화시켰다.

경영학의 창시자 피터 드러커는 CEO는 성과를 책임지는 사람이라고 했다. 변덕스러운 시장의 돌풍을 온몸으로 맞서야 하는 사람이다. 끊임없이 공부하고, 끊임없이 성장해야 한다. 시간을 쪼개고 쪼개고 또 쪼개도 시간이 모자라다. 치열한 삶만큼 보상도 두둑하다. 성공적인 시스템을 만들면 훌륭한 출구 전략도 짤 수 있다. 경제적 자유와 시간적 자유를 향해 자기 시간의 가치를 끊임없이 올려야 하는 환경에 내던져지면 성장도 빠를 수밖에 없다. 성장하지 않으면 바로 도태되기 때문이다.

이렇게 자신을 성장시켰는데도 운을 만나지 못하면 크게 성공하지 못할 수도 있다. 하지만 DID연구소 송수용 대표는 이렇게 이야기했다.

"성공하든 실패하든 확률은 반반이다. 하지만 나는 될 수밖에 없다. 왜냐하면 될 때까지 할 거니까."

인생은 한 방이라고 하는데, 이것은 단순히 로또를 긁는 요행이 아니라, 치열한 자기 단련 속에 끊임없이 문을 두드린 사람에게 결국 문이 열린다는 뜻이다. 그 문이 열렸을 때는 지금까지 두드린 모든 노력을 보상하고도 남는 엄청난 결과가 기다리리라 믿어 의심치 않는다. 그리고 그 결과 또한 더 큰 성공을 위한 하나의 과정이 될 것임을 믿는다.

스탠퍼드는 어떻게
창업가를 만드는가?

점화장치가 되는 사람들

재능의 발현이라는 주제로 전 세계를 누비며 취재를 했던 대니얼 코일은 《탤런트 코드》에서 "위대함은 타고나지 않으며 천재성은 만들어진다"는 주제로 재능을 지배하는 세 가지 법칙을 밝힌다. 그에 따르면 천재성을 만들기 위해서는 점화장치, 심층 연습, 마스터 코치가 필요하다. 점화장치는 현재 불가능한 것처럼 보이는 것에 먼저 성공해서 내면에 불을 붙여주는 사람을 말한다.

1998년 7월 IMF 외환 위기로 고통에 신음하던 우리나라에 큰 힘을 주는 사건이 있었다. 미국여자프로골프 LPGA 5대 메이저 대회 중 하나인 US 오픈에서 한국인 여자 선수가 우승한 것이다. 심지어 그 선수는 결정적인 순간에 공이 물에 빠지는 절망적인 상황에서도 포기하지 않고 맨발로 물에 들어가 샷을 날려 연장전까지 얻어내 결국 우승을 거머쥐었다. 이 성공 신화의 주인공은 박세리 선수다. 그 후 박 선수는 수많은 국제 대회에서 우승했고, 아시아 선수 최초로 명예의 전당에 이름을 올렸다.

지금 LPGA를 휩쓸고 있는 한국 여자 골퍼들은 박세리 선수를 바라보며 꿈을 키웠다. 한국 여자 골퍼들의 점화장치가 바로 박세리 선수였다. 박세리 선수는 2016년 리우데자네이루 올림픽에서 자신의 영향을 받아 국가대표가 된 박세리 키즈들의 감독이 되어 금메달을 목에 걸고 당당하게 돌아왔다. 2019년 한국의 여자 골퍼들이 LPGA 1위부터 3위까지 모두 휩쓸었다.

고급 인력들이 모인 곳

스탠퍼드대학교는 미국 창업가들의 요람인 실리콘밸리 한가운데 자리 잡고 있다. 휴렛팩커드를 시작으로 수많은 스탠퍼드 출신 기업들이 실리콘밸리를 만들었다. 인텔, AMD, 엔비디아(NVIDIA), 애플, 구글, 페이스북 같은 성공한 IT 기업 대부분이 실리콘밸리에 있다. 4차 산업혁명 시대의 사업은 높은 수준의 창의성을 요구하고 그 창의성에 불을 붙이기 위해서는 고급 인력들로 이루어진 인프라가 구축돼 있어야 한다. 세계화가 세상을 평평하게 만들었다고 해도 창조적인 첨단 IT 기업들이 실리콘밸리에 뭉쳐 있는 이유가 바로 이 '환경' 때문이다.

스탠퍼드를 졸업하고 실리콘밸리에서 성공한 기업가들이 많기에, 스탠퍼드 학생들은 이들을 보며 창업을 꿈꾼다. 학교에서는 매주 실리콘밸리의 성공한 사업가들을 초청해 특강을 진행하는데, 이런 자리가 스탠퍼드 학생들에게는 매우 유의미한 점화장치가 된다. 제2의 래리 페이지, 세르게이 브린, 일론 머스크를 꿈꾸는 스탠퍼드인들이 불타는 열정을 가지고 실리콘밸리로 몰린다. 실리콘밸리의 기업들은 스탠퍼드 출신의 최고 수준 인재들이 신나게 일하고 배우며 성장하는 뜨거운 재능의 용광로가 된다.

한 달 연습을 6분 만에 따라잡는 심층 연습

심층 연습은 수동적으로 연습하는 것이 아니라 몇 분의 짧은 순간이라도 고민하면서 능동적으로 연습하는 것을 말한다. 심층 연습을 제대로 한다면 수동적으로 연습한 한 달치의 연습을 6분 만에 따라잡을 수도 있다. 심층 연습을 할 때는 하나의 기술을 자기 것으로 만들기 위해 작은 동작을 하나하나 연결하여 어떤 부분이 잘못됐는지 생각한다. 현재 자신이 도달할 수 있는 수준인 스위트 스폿(Sweet Spot)에 다다르는 것을 목표로 묶음(Chunk), 반복(Repeat), 피드백(Feedback)을 통해 실패를 기꺼이 환영하고 성공으로 만들어가는 연습을 하는 것이다. 스탠퍼드는 디스쿨(D School)이라 부르는 시설이 있다. 특정 학과나 학부가 아니라 스탠퍼드에 다니는 학생이라면 누구나 들을 수 있는 과정으로 화학과, 물리학과, MBA, 미디어학과, 법학과, 엔지니어링 등 다양하다. 스탠퍼드 교수였던 데이비드 켈리가 하소 플래트너의 의뢰로 2004년 만든 '하소플래트너 디자인 연구소(Hasso Plattner Institute of Design)'가 2005년 디스쿨로 발전했고, 다양한 분야와 협력하는 수업을 병행하며 현재 디자인 싱킹으로 세상에 알려졌다. 이 수업에서 학생들은 창업에 관한 일련의 과정, 창의적인 아이디어 발상법부터 아이디어를 구현하는 방법까지 심도 있게 배우고 연구한다.

수업 첫날 교수는 이름표가 맘에 들지 않는다고 이야기한다. "글씨 크기가 작아서 읽기 힘들다, 알고 싶은 정보를 담고 있지 않다" 등등의 불만을 이야기한 후 학생들에게 이름표를 다시 디자인할 것을 요구한다. 학생들은 자기 이름표에 이름을 크게 쓰고 예쁘게 장식을 한다. 문제를 효과적으로 해결한 뒤 그 결과물이 표현된 이름표를 가슴에 달고 흐뭇하게 앉아 있는 학생들에게 교수는 이름표를 가져오라고 해서 서류 분쇄기에 갈아버린다. 교수가 미쳤는지 심각하게 고민하는 학생들에게 교수는 아무렇지도 않은 듯 웃으며 질문을 던진다.

"애초에 이름표는 왜 사용하는 걸까요?"

충격받은 학생들은 자신들이 이러한 생각을 해본 적이 없다는 것을 알게 된다. 학생들은 이름표에 대한 본질적인 토론을 시작한다. 결국 이름표에 대한 질문을 통해 한 팀은 글자와 그림으로 착용자의 정보를 나타낸 맞춤형 티셔츠를 디자인한다. 그 사람이 사는 곳, 즐겨 하는 스포츠, 좋아하는 음악, 가족 사진이 실려 있는 티셔츠를 입으면 서로 대화할 수 있는 주제가 많아지고 원활한 팀플레이에 큰 도움이 된다. 디스쿨에서는 이런 창의적인 발상법을 다음의 과정으로 교육한다.

1단계 공감하기
2단계 문제를 새롭게 정의하기
3단계 문제 해결을 위한 아이디어 내기
4단계 시제품 만들기
5단계 시험하고 검증하기

무조건 이 단계를 거치는 것은 아니고, 1단계에서 5단계 사이를 생략하거나 반복해서 진행한다. 이러한 일련의 과정이 창업을 하기 위한 심층 연습이며 문제를 해결하는 능력과 사람을 대하는 재능을 만들어나간다. 디스쿨뿐만 아니라 스탠퍼드에서 유명한 강의들은 창업가로서 필요한 역량을 가르친다. 사람을 파악하는 역량, 사람을 대하는 역량, 세상에 대해 생각할 수 있는 철학적 역량을 가르치고 철저히 연습시킨다.

스탠퍼드의 성공 비밀을 수년간 연구한 컬럼비아 대학교 입학사정관 사토 지에는 스탠퍼드에 전 세계 인재들이 모이는 이유가 최첨단 비즈니스를 전 세계 어느 곳보다 먼저 가르치기 때문이라고 했다. 그러나 실제로 스탠퍼드의 인기 커리큘럼들은 '인간을 안다', '나를 안다'와 같은 인간적이고 보편적인 지식에 대한 강의였다. 최신 비즈니스 트렌드에 대한 강의가 아니라 나와 남을 탐구하는 강의들이다. 이런 강의를 통해 스탠퍼드는 자기 자신에게 가장 의미 있는 것을 타인에게 도움이 될 수 있는 사업 형태로 구현할 수 있도록 돕는다.

마스터 코치가 즐비한 교수진

마스터 코치는 점화장치의 불을 붙이며 심층 연습을 할 수 있도록 만들어주는 사람이다. 재능을 펼칠 수 있도록 외부에서 도움을 주는 사람이다. 학생이 재능의 발현을 위해 바른길로 갈 수 있도록 작은 신호를 주는 사람이다. 예비 창업가인 학생들에게 이런 사람이 되기 위해서는 교수들도 창업 경험이 있어야 한다.

한국인 최초로 스탠퍼드대학교 교수에 임용된 이진형 교수는 주위에 창업가가 아닌 교수가 거의 없다고 말한다. 이진형 교수 역시 벤처 창업을 해서 한국 법인을 설립했고 국내 대기업들로부터 170억 원을 투자받았다. 그녀는 실제 창업을 했기 때문에 스탠퍼드대학교의 교수이면서도 한국에서 창업할 때 겪는 문제들을 잘 알고 있다. 당연히 창업을 준비하는 제자들에게 현실적인 조언과 도움을 줄 수 있다.

스탠퍼드대학교에는 마스터 코치이자 점화장치가 될 수 있는 교수들이 즐비하다. 최근 광주광역시에서 내가 운영하는 사업체와 비슷한 아이템으로 창업을 한 사람이 찾아왔다. 내가 진행하고 있는 교육과정과 비슷한 교습소를 설립하기로 한 것을 보고 동족을 만난 것 같은 기분이었다. 일요일에 4~5시간을 달려 인천 송도까지 찾아온 열정도 그렇고 그동안 살아왔던 삶이 감동적이었기에 학원 등록하는 방법부터 사업을 운영하는 노하우를 세세히 알려주었다. 1시간 정도 미팅 일정을 잡았는데 2시간이 넘도록 시간 가는 줄 모르고 코칭을 진행했다. 이런 정보들은 어디서도 들을 수 없는 것이라며 너무 많은 도움이 됐다고 말씀하는 모습을 보며 큰 행복감을 느꼈다.

점화장치가 되는 사람들을 보고 마스터 코치와 함께 심층 연습을 하면 자신의 재능을 최대한 발휘할 수 있다. 주위에 이런 환경이 조성되어 있지 않다면, 자신이 직접 그런 환경을 만들 수 있다. 자기보다 먼저 성공한 사람을 찾아다니며 하나하나 실행하고 부딪혀서 남보다 나은 사람이 아닌 남과 다른 사람이 되는 것, 이것이 창업가가 되는 과정이다.

기업가치가 1조 원 이상인 스타트업을 유니콘이라고 한다. 2019년 1월 기준으로 전 세계에 300개 이상의 유니콘이 있다. 다섯 개 유니콘 기업의 창업가 중 한 명은 스탠퍼드대학교 출신인 것은 남다른 과정이 있었기 때문이 아닐까?

나를 알고 남을 공부하고
세상을 만들어가는 스탠퍼드식 창업 교육

왜 자꾸 창업하는 걸까?

5년간 강연과 많은 교육 프로그램을 진행하면서 신기한 경험을 했다. 우리의 교육생들 중 교육 내용을 철저히 실행하고 탁월한 결과를 보여준 사람들은 대부분 창업가이거나 창업을 준비한다. 14년간 주부로 지내다 원장이 된 경우, 경력이 단절되었던 사람들이 우수수 창업하고 심지어 승승장구하는 것을 본다. 과제물이 빡빡하기로 소문난 교육과정인데 과제물은 물론이고 탁월한 성과까지 내는 사람들은 당연히 성공해야 한다는 생각이 든다. 하지만 우리의 교육 내용 중 무엇이 그들의 마음속에 창업의 불을 지폈는지 스탠퍼드대학교를 연구하고 나서야 알 수 있었다.

창업에 중요한 3요소

창업을 하는 데 있어서 가장 중요한 동기는 무엇인가? 먼저 자기 자신을 알아야 한다. 적어도 자신이 무엇을 잘하고 좋아하는지 알아야 한다. '나'를 알고 나서 다른 사람을 알아야 한다. 자신이 잘하고 좋아하는 것으로 다른 사람에게 어떤 공헌을 할 수 있는지 아는 것, 즉 자기 삶에서 가장 의미 있는 것이 무엇인지 알아야 한다.

창업가로서 꼭 갖춰야 할 것들이 있다.

첫째, 기업을 경영하기 전에 자신을 관리하는 기술이다. 긍정적인 태도, 시간 관리, 목표 관리 등 자기 관리 역량을 갖춘 사람은 주위에 사람이 붙는 자석이 된다. 신뢰가 저절로 쌓이고, 시간이 지날수록 자신의 온전함(integrity)을 주변에 퍼트리는 사람이 된다. 이 선한 영향력을 통해 가깝게는 좋은 고객이 모이고 좋은 직원이 모이고 멀리는 좋은 사업 파트너가 모인다.

《논어》〈학이편〉에 '유붕자원방래 불역락호(有朋自遠方來 不亦樂乎)'라고 했다. '멀리서 친구가 찾아오니 어찌 기쁘지 아니한가'라는 뜻이다. '군자' 다움에 대해 이야기하는 부분에서 왜 친구들이 멀리서 찾아온다는 말을 넣었을까? 《논어》대로 살고 《논어》대로 실행하는 군자들 주변에는 항상 사람들이 모이기 때문이다. 그들의 철학과 온전함이 사람들에게 선한 영향력을 주는 사람으로 만든다.

둘째, 남을 이해하는 역량이다. 직원도 고객도 모두 남이다. 직원 하나 잘 들어와서 기업이 흥할 수도 있고, 잘못 들어온 직원 하나에 기업이 망할 수도 있다. 특히 초반 창업 멤버의 영입은 심혈을 기울여야 한다. 고객도 마찬가지다. 회사의 진정한 팬 1,000명만 만들 수 있으면 1인 기업이라도 성공할 수 있다. 회사로 인해 마음이 상한 고객 10명이 온라인에서 활동하기 시작하면 작은 회사 하나쯤 무너뜨리는 것은 일도 아니다.

셋째, 부에 대한 마인드셋이 필요하다. 기업의 목적은 수익 창출이다. 창업가가 부에 대한 마인드셋이 되어 있지 않다면, 돈은 그 회사에 흐르기 어려울 것이다. 나는 창업 초기 부에 대한 마인드셋이 되어 있지 않았다. 부모님께서는 어릴 때부터 "남의 주머니에 있는 100원 한 장 꺼내는 것이 쉬운 줄 아느냐?"라고 입버릇처럼 말씀하시곤 했다.

새벽 4시부터 저녁 8시까지 거의 하루도 빠짐없이 16시간을 고된 노동을 하며 보내셨고, 나는 "돈을 벌기 위해서는 피가 족족 나도록 일해야 한다"는 부모님의 말씀을 무의식에 새겼다. 다른 회사의 비싼 교육은 망설임 없이 고객에게 권해서 수강하도록 했지만, 정작 우리 회사의 교육을 권할 때는 입이 얼어붙었다. 왠지 그게 미덕일 것 같았다. 사명감을 가지고 강단에 서서 사람의 삶을 변화시키는 강사인 나를 돈만 아는 속물로 보는 것이 싫었다. '그렇게 잘해 주더니 결국 돈 때문이었구나'라고 생각하는 것이 싫었다. 0점짜리 사장이었고, 아주 이기적인 사장이었다.

"대표님 회사가 잘돼야 해서 홍보합니다"

지역사회를 섬기는 독서 모임 진행 프레젠테이션 마지막에 교육 과정 소개를 한 장 넣을까 고민했다. '독서 모임 회원분들을 섬기려고 만든 독서 모임에 회사 프로그램을 홍보하면 진정성을 의심하지 않을까?' 한 고객에게 이 고민을 이야기했는데, 황당하다는 표정을 지으며 당연히 넣어야 한다고 이야기했다. 대표님 회사가 잘돼야 독서 모임도 운영할 수 있고, 더 많은 사람들이 혜택을 보고 스스로를 변화시킬 수 있다고 했다. 우리 회사 교육 프로그램이 너무 좋아서 주위 사람들에게 이야기를 많이 하고 다닌다고 했다. 아주 열정적으로 주변에 우리 프로그램을 알렸고, 놀랍게도 그분을 통해 등록한 고객들은 적극적으로 프로그램에 참여했고 성과도 탁월했다. 고객은 이렇게 열심히 우리를 홍보하는데, CEO인 내가 홍보를 망설였다니 부끄러움이 밀려왔다.

그날 이후로 내 교육과정을 이야기하는 데 어려움이 없어졌다. 오히려 더 열정적이고 적극적으로 홍보했다. 그달에 내가 모집한 고객은 평소보다 5배는 많았다. 아무리 강단에서 멋있는 척 강연하려고 해도, 내 사업이 유지되지 않으면 불가능한 일이다. 더 많은 사람들을 살리고 성장시키기 위해 고객을 설득하는 것이 필요하다.

창업가는 불만에서 기회를 찾는 사람들

자본주의 사회에서는 경쟁이 필수다. 승자와 패자가 갈리고 그 과정에서 반드시 불공정이 발생한다. 불공정만 생각하며 불평과 불만을 가지는 것은 크게 도움이 되지 않는다. 이들은 자기 인생에 대한 책임을 국가와 회사에 넘기는 사람들이다. 창업가는 불만에서 기회를 찾는다. 창업가는 자신을 책임지는 삶을 선택한다. 생각당하지 않고, 스스로 생각한다. 자신의 강점을 알고 이를 활용하여 고객에게 가장 도움이 되는 제품이나 서비스를 개발하여 제공하는 창업가의 삶은 세상을 풍요롭게 만든다. 창업가들이 시장에 진출하고 서로 경쟁하며 제품이나 서비스를 개선하고 가격을 낮추려는 노력을 하면, 가장 큰 이득을 보는 것은 고객이기 때문이다.

스탠퍼드대학교에는 교수가 창업하는 것이야말로 지식을 사회에서 활용하는 가장 빠른 길이라고 생각하는 문화가 있다. 학생들 역시 자신들이 가진 지식으로 사업을 하는 것이 세상을 향해 가장 큰 기여를 하는 방법이라고 생각한다. 한국에서는 대학 내에서 사업하는 교수들을 좋지 않은 시선으로 본다. 교수 월급 받으면서 벤처기업을 해서 또 돈을 버느냐는 부정적인 인식에 더해, 사업한다고 강의를 줄여서 다른 교수에게 부담을 떠안긴다는 오해도 한다. 이기적인 생각이다. 사회에 활용되는 지식이야말로 살아 있는 지식이고, 타인을 위해 자기가 가진 지식을 활용하는 것은 지식을 가진 사람의 의무이기도 하다. 사업에 활용하지 않는 지식은 죽은 지식이다.

세계 최고의 두뇌와 민족성이 살아 있는
한국인, 세계를 먹어라

세계에서 가장 부자 민족 유대인

우리나라는 유대인에 대해 공부해야 한다. 현재 세계 최고의 강대국은 미국이지만, 유대인이 미국의 실권을 쥐고 있기 때문이다. 유대계 혈통의 로스차일드 가문의 재산은 우리나라 연간 예산의 10배가 넘는 5경 7,400조다. 미국의 전 대통령 버락 오바마의 핵심 측근들은 유대인이었고, 2016년 미국 대통령 선거의 대선 후보로 나온 힐러리 클린턴과 도널드 트럼프 모두 유대인 사위를 두고 있다. 누가 되든 이스라엘에 불리한 정책을 펴지 않는다.

스탠퍼드를 졸업한 유대인 창업가는 엔젤투자자들과 벤처캐피털리스트들이 찾는 0순위 투자처다. 한국에서 제일 비싸다는 명동 땅값 저리 가라는 뉴욕 금싸라기 땅 건물 중 70퍼센트는 유대인의 소유다. 지금 미국을 최고의 강대국으로 만든 것이 유대인이라고 해도 과언이 아니다.

한국인의 스펙은 유대인보다 월등하다

유대인의 나라 이스라엘은 땅의 넓이가 남한의 4분의 1 정도밖에 되지 않는다. 전 세계 유대인 인구를 모두 합쳐도 한국인이 4배 정도 많다. 평균 IQ는 유대인보다 12 정도 높다. 하룻밤을 꼬박 지새우거나 알코올중독에 걸렸을 때 사람의 IQ가 14 정도 떨어진다고 하니, 유대인과 한국인이 정정당당히 경쟁하려면 한국인 한 사람이 밤을 꼬박 새운 상태에서 4명 정도의 유대인을 상대해야 한다. OECD에서 실시하는 국제학업성취도 평가인 PISA에서 한국은 거의 항상 1등 아니면 최상위권이다. 세계기능올림픽은 한국인들이 싹쓸이하고 있으며, 심지어 E-스포츠에서도 한국인들의 위상은 대단하다. 명실공히 한국 사람들은 세계 최고의 두뇌와 손재주를 가지고 있다.

그런데 현실은 어떠한가? 노벨상의 30퍼센트는 유대인이 차지하고 있다. 한국은 노벨 평화상 하나뿐이다. 20세기를 바꾼 가장 영향력 있는 학자 3명인 알베르트 아인슈타인, 카를 마르크스, 지그문트 프로이트 모두 유대인이다. 미국 동부의 8개 명문 대학인 아이비리그의 총장 및 교수진, 학생 30퍼센트도 유대인이다.

집어넣으려는 노력에서 끄집어내는 노력으로

유대인에게는 '하브루타'라는 특별한 공부법이 있다. 하버드대학교의 유대인 교수도 하브루타 공부법으로 가르친다고 한다. 하브루타란 '짝을 지어 질문하고 대화하고 토론하고 논쟁하는 것'으로 유대인은 유대교 경전 《토라》와 《탈무드》를 하브루타 방식으로 공부하는 것뿐만 아니라, 질문과 대화가 삶의 문화로 자리 잡아 모든 분야에서 탁월한 성과를 올리고 있다.

하브루타는 출력하는 방식의 공부법에 속하는데 학습 효율성 피라미드에 따르면 한국에서 주로 진행하는 입력 방식의 공부법인 강의식 교육보다 효율이 18배 높다. 내가 무엇을 알고 무엇을 모르는지 설명해보면 확실하게 알 수 있다. 들을 때는 알 것 같은데 막상 설명하려면 쉽지가 않다. 지식을 집어넣을 때부터 적극적으로 사고하고 주체적으로 받아들이지 않으면 하브루타 방식으로 공부할 수 없다.

아무리 좋은 식자재를 가지고 있어도 적정한 방법으로 조리하지 않으면 맛이 없듯이, 넘쳐나는 지식의 사회에서 자신에게 필요한 지식을 자기만의 방식으로 버무리는 연습을 하는 것이 성공을 위한 공부법이다. 일방적으로 지식을 집어넣는 주입식 교육에서 지식을 사용하고 주위 사람들과 협력하여 시장 가치를 창조하는 창업식 교육으로 바꾸면 최고의 머리를 가진 한국인이 얼마나 큰 성과를 낼지 자명한 일이다.

따뜻한 가치, 세계 최고의 시민의식으로 무장한 한국인

2002년 한일 월드컵에서 전 세계가 한국인들을 놀라워한 사건이 있었다. 전 국민의 30퍼센트가 넘는 1,300만 명이 빨간색 티를 입고 거리로 나가 함성을 질렀다. 이 열정 덕분인지 한국은 2002년 한국 축구 역사상 최고의 성적인 4위에 올랐다. 해외에서는 이 정도 인파가 몰리면 과격 축구팬인 훌리건이 난동을 부려 근처 상가는 일찍 문을 닫고 밤새 가게가 무사하기를 바라며 마음을 졸인다고 한다.

하지만 2002년 월드컵 당시 "광화문 지점의 편의점 주인이 빌딩을 샀다"는 소문이 있을 정도로 거리 응원이 있는 곳 근처의 상가는 대호황을 누렸을 뿐 피해라고는 전혀 없었다. 외신 기자들은 이렇게 많은 인파가 거리에 몰려 밤새 응원을 하고도 인파가 흩어진 뒤에는 오히려 거리가 깨끗한 장면을 보도하며 한국의 남다른 시민의식에 놀라움을 표했다.

응원 문화도 아름다웠다. 일본 관중은 인기 팀만 주로 응원하고 비인기 팀에는 야유를 보낸 반면, 우리나라는 서로 공정하게 응원하거나 아예 응원단을 둘로 쪼개서 양쪽을 공평하게 응원했다. 심지어 마지막 경기인 3~4위전에서는 형제의 나라인 터키와 맞붙게 되었는데 한국 관중들은 소형 태극기와 소형 터키 국기를 둘 다 가지고 들어갔으며 한국 관중석에서 대형 태극기보다 더 큰 대형 터키 국기를 보여주며 터키 국민뿐 아니라 전 세계 사람들에게 큰 감동을 안겨주었다. 그리고 이 경기는 FIFA 역사상 가장 멋진 페어플레이 게임 1위에 올랐다.

국정농단이 일어났을 때는 저마다 촛불을 들고 나갔고 일제강점기에는 총칼 앞에서 만세운동을 벌였으며, 을사늑약에는 국가가 지불해야 하는 보상금을 국민이 지불하기 위해 국채보상운동을 벌였다. 1997년 외환위기가 닥쳤을 때 집집마다 귀하게 간직하고 있던 금붙이를 너나없이 가지고 나왔던 일은 지금도 많은 국민의 가슴속에 진한 여운으로 남아 있다. 우리나라는 이처럼 세계에서 찾아보기 어려운 아름다운 사례를 많이 만들어냈다. 세계 최고 수준의 국민성, 시민의식을 가진 민족으로 자부할 만하다.

협력하는 괴짜

흔히 한국 사람들은 오지랖이 넓다고 한다. 남의 일에 왜 이렇게 참견이 심한지 모르겠다고 한다. 남의 일도 내 일같이 여기는 우리나라의 문화는 4차 산업혁명 시대에 큰 강점으로 작용할 것이다. 협력하는 괴짜인 호모 파덴스(도구의 인간인 호모 파베르와 놀이의 인간인 호모 루덴스를 합한 것)가 4차 산업혁명에서 필요한 인재다. 다른 사람에 대한 관심을 넘어 다른 사람의 문제까지 해결해줄 수 있는 따뜻한 마음은 협력하는 인재에 가장 가까운 국민성이 아닐 수 없다.

자신의 비즈니스 모델을 통해 세계 시장에 따뜻한 가치를 구현한다. 누가 시키지도 않았는데 하루 18시간씩 자신의 일에 열정적으로 몰입하며 일하는 청년들이 삼삼오오 모여 앉아 열띤 토론을 벌인다. 자신을 성장시키기 위해 끊임없이 자기계발을 한다. 세계 최고의 두뇌로 평생 배우며 평생 연습하고 평생 성장한다. 실패마저 가장 큰 성공의 밑거름으로 만든다. 내 삶에 대한, 나라에 대한, 세계에 대한 하나의 질문을 안고 부딪히는, 이런 가슴 뜨거운 청년들이 한국에 44만 명 정도 된다면 어떨까? 1년 동안 유럽 전체에서 창업하는 회사의 수와 이스라엘 한 국가에서 창업하는 회사의 수가 같다. 얼마나 많은 유대인 창업가가 지금도 끊임없이 탄생하고 있을까? 그 나라가 우리나라라면 어떨까?

창업식 교육으로 세계 최고의 두뇌들이 자신의 지식과 역량을 다른 사람의 문제를 해결하는 데 사용하도록 치열하게 연습하고 도전하고 협력하는 모습을 그려볼 때, 우리나라가 유대인을 뛰어넘어 세계인들의 사랑과 존경을 받는 민족으로 거듭날 것이라고 확신한다. 우리나라 사람들은 유대인들보다 따뜻한 민족성이 있기 때문이다.

110년 전에 일본이 주입한 식민 교육의 모델을 훌훌 털어버리고 스탠퍼드식 창업 교육으로 날아오를 그날, 우리의 무대는 전 세계가 될 것이고, 우리의 먹거리는 전 세계에 있을 것이며, 전 세계에 따뜻한 민족성을 전파하는 롤 모델이 될 것이다.

2장

혁신을 주도하는
스탠퍼드 출신 창업가들

혁신을 이끌다:
래리 페이지

누구나 한 번쯤 일해보고 싶은 회사

100개가 넘는 언어권에서 사용되고 약 1,000조의 기업가치를 가지고 있는 구글은 세계에서 다섯 손가락 안에 드는 큰 기업이다. 구글은 세계 검색 시장 점유율 76퍼센트를 차지하고 있다. 한국에서 가장 많이 사용하는 네이버가 세계 검색 시장 점유율 0.12퍼센트라는 것을 감안했을 때 어마어마한 수준이다. 심지어 영어권에서는 '인터넷 검색한다'는 말을 '구글한다(Googling)'라고 표현한다. 세계에서 가장 일하기 좋은 기업 1위를 차지하고 있는 구글은 아주 특별한 기업문화를 가지고 있기로 유명하다.

TGIF(Thank God It's Friday)는 매주 금요일 오후 시간에 구글에서 가장 오래된 카페에 모여서 자신의 생각을 전 사원에게 당당하게 이야기하는 구글 특유의 소통 문화다. 20퍼센트 타임 제도는 일주일 중 20퍼센트의 시간은 회사에서 지시한 일이 아니라 자신이 하고 싶은 일을 하는 것이다. 지메일(Gmail), 구글 뉴스(Google News), 애드센스(AdSense), 구글 맵스(Google Maps), 구글 어스(Google Earth), 구글 토크(Google Talk), 별자리 지도 구글 스카이(Google Sky) 등이 20퍼센트 타임제를 통해 만들어졌다. 특히 한 사원이 대부분 사원들의 반대와 비웃음을 무시하고 8시간 만에 뚝딱 프로그래밍한 지메일은 구글의 매출을 폭발적으로 증가시켰다.

그 외에도 애완동물과 함께 출근이 가능하고 150걸음 내에 고급 뷔페를 무료로 이용할 수 있는 구내식당, 최고급 에스프레소 기계가 갖추어진 휴게실, 사내 배구장, 볼링장, 인공 암벽 코스, 개인 트레이너가 딸린 체육관, 수영장, 오락실, 자전거, 이동식 이발관, 회사가 일정 부분 보조금을 지원해주는 마사지숍 등 최고의 복지 환경과 시설을 갖추고 있다.

2019년 CNBC 보도에 따르면 구글의 신입사원 단계(레벨3) 엔지니어는 18만 9,000달러(약 2억 2,400만 원)를 받는 것으로 조사됐다. 상당히 높은 수준이다. 그러나 단순히 높은 연봉만으로 매년 구글에 도착하는 입사 지원서가 100만 개를 넘는 것은 아니다. 직원의 대부분은 자신이 하는 일이 세상을 더 나은 곳으로 발전시킨다고 생각하고 있다. 누구나 한 번쯤 일해보고 싶은 회사라는 것이 구글이 사람들에게 새겨놓은 강력한 이미지다.

협력 DNA를 가진 창업가들

이 최고의 혁신 기업을 창업한 사람들은 스탠퍼드대학교 출신의 래리 페이지(Larry Page)와 세르게이 브린(Sergey Brin)이다. 40대의 나이로 세계 여덟 번째 부자로 등극한 래리 페이지는 스탠퍼드 대학원에서 창업 파트너인 세르게이 브린을 만났다. 구글의 문화는 대부분 래리 페이지의 생각에서 비롯되었다. 래리 페이지는 스탠퍼드대학교 기숙사에서 세르게이 브린과 대화하며 이런 기업을 상상했다.

대학생처럼 세계 수준의 문화를 누리고 운동도 할 수 있으며 학업에 매진할 수 있는 환경을 만들면 어떨까? 이 둘의 상상은 실제로 이루어졌고, 이런 자유로운 분위기에서 일하는 약 10만 명의 구글러(Googler, 구글 직원들을 부르는 별칭)들이 존재한다.

지금 구글의 성공을 바라보면 구글의 창업 결정은 당연한 것처럼 느껴지지만 래리 페이지가 구글 창업을 결정할 당시 느낀 감정은 두려움이었다. 자신감도 없었고 무엇보다 부모님의 기대를 저버리고 실망시킬지도 모른다는 불안을 느꼈다. 래리는 회사를 창업하면 큰 비용과 시간을 들인 스탠퍼드 박사 학위를 포기해야 될지도 모르는 상황이었다(그는 구글을 창업하면서 대학원을 그만두었다). 그는 구글의 시초가 된 검색 프로젝트를 구동할 서버 하드디스크를 구입하느라 부모와 친구의 카드 한도까지 다 끌어다 썼다. 심지어 검색 프로젝트 말고도 2개의 프로젝트를 더 하고 있었다.

이 모습을 지켜본 스탠퍼드 대학원의 담당 교수가 그에게 검색 프로젝트에 집중하라고 조언했고, 래리는 이 말을 듣고 창업에 집중

하여 학교 안에서 구글을 차렸다. 그때 당시 고가였던 컴퓨터를 계속 늘릴 수 없어 그는 레고로 조립한 서버 컴퓨터를 만들었다. 지금은 대성공을 거둔 구글이지만 창업 과정은 상당히 열악했다.

외향적인 성격으로 다른 사람 앞에 나서는 것에 익숙한 세르게이 브린과는 달리, 내향적인 래리 페이지는 혼자 있는 것을 좋아한다. 세르게이 브린이 실용적이고 문제 해결에 뛰어난 반면 페이지는 심사숙고하고 미래 지향적인 생각을 한다. 구글의 전 CEO 에릭 슈미트(Eric Schmidt)는 둘에 대해 "래리는 수줍음 많고 사려 깊고 섬세하며 선형적으로 사고한다. 세르게이는 시끄럽고 제정신이 아니고 통찰력이 넘친다. 두 사람이 너무 다르다. 처음 이곳에 왔을 때 세르게이 혼자서 말을 다 해버려서 래리가 말을 못하나 보다 생각했다"라고 말했다. 구글의 대성공에는 너무 다른 두 사람이 협력하여 서로 보완하는 시너지가 크게 작용했다.

래리는 불가능하다고 믿는 일들은 아직 그 분야에 충분히 미친 사람이 없기 때문이라고 말했다. '전 세계 정보를 체계화해서 누구나 쉽게 사용할 수 있게 한다'는 비전을 가슴에 품고 미친 듯이 몰입해서 일했다. 인터넷 초기, 기존 검색 사이트인 야후나 알타비스타는 단순히 즐겨찾기 모음 정도에 불과했고 필요한 정보를 검색하면 그 단어가 잔뜩 들어간 엉뚱한 결과를 보여주었다. 이것을 너무 불편하게 생각한 래리와 세르게이는 인터넷을 사용하는 사람이 원하는 정보를 정확하게 찾을 수 있도록 검색 알고리즘을 새로 구상했고 그 결과 탄생한 것이 구글이다. 초기에 두 사람은 이 알고리즘을 야후 창업자이자 같은 스탠퍼드 출신인 제리 양에게 판매하려고 했지만, 검색 결과가 바로 나오면 고객이 검색 사이트에 오래 머물지 않는다는 이유로 거절당했다. 야후와 구글 모두 인터넷을 사용하는 사람들의 편의를 위해 만들어졌지만 고객을 더 편하게 만들어준 구글은 시장에서 살아남았고 야후는 역사의 뒤안길로 사라졌다.

불가능해 보이는 꿈을 펜으로 적어라

래리 페이지는 사람들에게 꿈이란 펜이 없으면 사라지는 것과 같다고 이야기한다. '이룰 수 없을 만한 일을 적어놓고 세부 사항을 적어보라', '꿈을 포기하지 말라. 훌륭한 꿈이 있다면 꼭 잡아라', '세상은 당신을 필요로 한다', '두려워하지 말고 실패하다 보면 결국 성공한다', '위험을 감수하고 실패를 많이 할수록 성공에 가까워진다' 등 그는 사람들에게 용기와 도전의식을 전달하는 데 주안점을 두었다.

정해진 답을 좇으며 도전하는 것을 두려워하는 많은 사람들에게 래리 페이지의 조언이 들렸으면 좋겠다. 지금 실패의 고통에 몸부림치며 하루를 견디는 사람들에게 성공이 얼마 남지 않았다는 열정이 타올랐으면 좋겠다. 래리 페이지의 경영철학을 가장 잘 표현한 다음 편지가 당신의 마음에도 담기기를 바란다.

구글은 평범한 기업이 아닙니다. 우리는 그런 기업이 될 생각이 없습니다. 구글이 진화하는 과정에서 우리는 독자적인 방식으로 기업을 운영해왔습니다. 우리의 목표는 가능한 많은 사람의 삶을 향상시켜줄 서비스를 개발하는 것입니다. 이러한 목표를 추구하기 위해 우리는 단기적으로 확실한 이윤이 생길지 의심스럽더라도 그것이 세상에 긍정적인 영향을 준다고 믿으며 실행할 것입니다.

도전하라, Just Do It :
필 나이트

"세상 누구보다 일찍 일어났다"

나이키의 창업자 필 나이트(Phil Knight)의 자서전 첫 줄은 이렇게
시작한다.

"나는 세상 그 누구보다 일찍 일어났다."

첫 문장부터 남다른 삶의 방식이 엿보인다. 시간 관리와 자기 관
리의 강력한 솔루션 중 하나는 아침형 인간이라는 것을 감안할 때
역시 성공한 사람은 삶의 방식이 다르다는 것을 보여준다.

필 나이트는 스물네 살까지 담배와 술을 가까이해본 적이 없다.
오로지 스스로에게 던진 질문은 자신이 어떤 사람이 되고 싶은지
를 아는 것이었다. 누구보다 성공을 꿈꿨지만, 진정한 성공이 무엇
을 의미하는지 몰랐기 때문이다. 육상선수 출신으로 스탠퍼드 대학

원을 나온 후 생각보다 짧고 한정된 인생을 의미 있게 보내야 한다는 사실을 뼈저리게 느꼈다. 좋은 육상선수였지만 위대한 육상선수가 되는 목표는 이루지 못한 필은 "운동선수가 되지 않고도 그들과 공감할 수 있는 방법은 없을까? 일 자체를 즐길 수 있는 방법은 없을까? 아니면 일을 너무나도 즐겨서 일 자체가 즐거움이 될 수는 없을까?"라는 질문을 스스로에게 하기 시작했다.

신발 에세이에서 탄생한 사업

대학을 졸업하고 군대를 갔다 온 뒤 스탠퍼드대학교 경영대학원을 다니던 필 나이트는 창업론 강의 '앙트레프레너십(entrepreneurship)'의 과제로 신발 산업에 관한 에세이를 제출했다. 과제를 제출하기 위해 그는 수출, 수입 회사 설립에 관한 모든 자료를 찾아서 공부했다. 육상선수였기 때문에 러닝화에 관심이 많았고 일본의 러닝화가 시장을 장악할 것이라고 생각했다.

대학원을 졸업한 그는 일본에 대한 사업을 구체화하기 위해 일본 방문 계획을 철저하게 세웠다. 일본인들이 가지고 있는 생각의 뿌리를 이해하기 위해 일본의 종교, 철학, 시를 공부했다. 일본에서 그는 일본 운동화 제조업체 오니츠카 타이거(현재의 아식스)를 알게 되었고 극적으로 미팅 약속을 잡는 데 성공했다. 사업체도 아무것도 없이 맨몸으로 약속 당일 아침을 맞은 그는 마음을 다잡기 위해 거울을 보고 스스로에게 외쳤다.

"넌 할 수 있어. 겁먹지 마. 자신감을 가져. 넌 할 수 있어."

일본과의 전쟁이 끝난 지 20년도 지나지 않은, 전쟁의 상처가 건물에 생생히 남아 있는 상황에서 대학원을 갓 졸업한 미국인이 회사도 자본도 아무것도 없이 일본 굴지의 신발 회사로 사업 제안을 하러 가는 마음이 어떠했을까? 긴장이 심한 탓이었는지 오니츠카 타이거 회사가 아닌 전시장으로 가는 실수를 하는 바람에 미팅 시간보다 30분 늦게 도착했다. 치명적인 실수였는데도 그는 마음을 다잡고 당당히 본사로 들어갔다. 공장의 라인을 투어할 때, 자신에게 인사를 하는 일본 직원들에게 같은 방식으로 인사하며 존중의 마음을 표현했다. 그는 그렇게 오랫동안 수없이 연습한 대로 미팅에 임했지만 생각지도 못한 첫 질문을 받고 말았다.

"어느 회사에서 오셨습니까?"

어찌 보면 당연한 그 질문을 준비하지 못한 필은 순간 육상선수로 뛰던 시절 우승의 부상으로 받아 방에 걸어놓은 파란색 리본을 떠올렸다.

"저는 블루리본 스포츠를 대표합니다."

세계 최고의 스포츠 브랜드 '나이키'의 전신인 '블루리본 스포츠'는 이렇게 사업자등록증 하나 없이 탄생했다.

오니츠카 타이거 담당자와 만난 자리에서 그는 스탠퍼드에서 심혈을 기울여 작성한 과제 에세이를 그대로 발표했다. 당시 미국 시장 1위를 차지하고 있는 독일제 신발 아디다스보다 더 싼 가격에 신발을 공급하면 반드시 성공한다는 단순한 이론으로 밀어붙였다. 하지만 그는 이 발표를 위해 시장조사와 무역만 공부한 것이 아니었다. 《논어》, 《성경》, 불교 경전, 힌두교 경전, 이슬람교 경전, 《탈무드》에 기반한 인문학적인 생각의 뿌리를 드러냈다.

성공은 결과가 아닌 과정이다

필은 일을 미친 듯이 사랑하는 사람이었다. 처음 일본에서 도착한 신발 12켤레를 보았을 때, 그는 피렌체나 파리에서도 이보다 더 아름다운 신발은 보지 못할 정도라고 표현했다. 그는 책과 스포츠, 민주주의, 자유 기업을 좋아했는데, 육상선수 출신답게 그중 달리기를 가장 좋아했다. 달리기에는 승패나 결과가 있는 것이 아니다. 달리는 행위 자체가 목적이다. 달리기를 그만두는 것이 끔찍하기 때문에 달린다. 즉, 과정 자체를 즐겨야 하는 스포츠다. 성공은 이런 달리기와 같다. 결과가 아니다. 온전한 과정이며, 우리가 성공이라고 이야기하는 IPO(주식상장), EXIT(큰 기업에 매각) 200퍼센트 매출 성장은, 그 과정을 지나는 사이에 스쳐 지나가는 이벤트다.

필 나이트는 사람들에게 이렇게 충고했다.

"세상 사람들이 미쳤다고 말하더라도 신경 쓰지 말자. 멈추지 않고 계속 가는 거다. 그곳에 도달할 때까지 멈추는 것을 생각하지도 말자. 그곳이 어디인지에 관해서도 깊이 생각하지 말자. 어떤 일이 닥치더라도 멈추지 말자."

사업가에게 너무나도 와 닿는 이야기였다. 1,000만 원에 육박해

가는 마이너스 통장을 보았을 때, 어제까지 내게 고맙다고, 존경한다고 말한 직원이 퇴사하고 우리 회사 험담을 했을 때, 고객에게 클레임이 들어왔을 때 멈추고 싶었다. 안전한 회사원으로 돌아가고 싶었다. 하지만 그때 나에겐 사업을 멈추는 것이 가장 끔찍한 일이었다. 그동안 가르친 제자들, 2년 넘게 섬겨왔던 '독서 포럼 송도나비'의 식구들, 우리 회사로 인해 인생이 바뀐 많은 사람들을 뒤로하고 회사로 돌아갈 수는 없었다.

그래서 더 열심히 달렸다. 더욱 돌파구를 찾아 미친 듯이 일하고 관련 서적을 독파하고 혁신하고 성장했다. 지금은 그 어려움들마저 즐기게 되었다. 분명히 이 어려움은 지나갈 것이고 이 어려움이 지나가고 나면 우리 회사는 더 성장하고 강해져 있을 것이라는 확신이 있었기 때문이다. 필 나이트는 이를 '프리폰 테인(Pripon Tain)' 정신이라고 했다. 당시 육상선수로 이름을 날린 프리폰 테인은 중거리를 뛸 때 처음부터 무리라고 생각될 정도의 풀 스퍼트로 달리다가 후반부가 될수록 더욱 빠른 스퍼트를 올려 경쟁자들이 따라올 수 없을 정도로 선두를 유지하는 전략을 썼다.

필 나이트가 나이키를 운영하는 방식도 이와 같았다. 블루리본 시절 그는 주식 상장을 통해 자본금을 끌어들이는 것은 경영권 침해 소지가 높으므로 온전히 자기만의 경영 방식으로 회사를 운영하고자 은행과 지인들에게 자금을 빌렸다. 은행에서 차입한 돈으로 신발을 수입했고, 신발을 판매하고 남은 돈에 다시 은행 차입을 더해 더 많은 신발을 수입했다. 덕택에 블루리본은 유례없는 거대한 매출 성장을 이루었다. 초기 사업가가 주식 상장을 통해 쉽게 자본을 조달하지만 이후 경영권을 마음대로 활용하지 못하는 딜레마로부터 그는 자유로울 수 있었다. 그렇게 폭발적으로 사업을 성장시키고 난 뒤 나이키라는 브랜드 가치를 주식 시장에서 판매하는 날 필 나이트는 어마어마한 돈을 거머쥐었다.

사업은 삶의 유대와 가치를 느낄 수 있는 터전

나이키는 신발에 미친 사람들끼리 특유의 쾌활하고 자유로운 방식으로 소통하는 기업문화를 가지고 있다. 신발 연구에 미친 사람들, 마니아 가운데서도 최고의 마니아들을 '슈독(Shoe Dog)'이라고 불렀는데, 나이키의 경영을 이끌어간 초기 창업 멤버인 슈독들과 바에서 술을 마시며 회사의 미래에 대한 이야기를 나누곤 했다. 그는 이러한 회의 문화를 '버트페이스(ButtFace)'라고 이름 붙였다.

일종의 친목 모임이자 나이키의 핵심 의제를 다루는 의사 결정 시간이라는 의미의 버트페이스에서는 고성이 오가고 거친 분위기가 연출되기도 했다. 고집 센 운동선수 출신들이 많아서이기도 했지만, 그만큼 자유롭고 편안한 분위기 탓이기도 했다. 이 자리에서 이들은 자유롭고 거침없이 나이키의 크고 작은 사안에 대해 이야기를 나누었다.

필 나이트는 은행과의 마찰로 인해 현금이 절실해질 때마다 돈을 빌렸다. 촉망받는 육상선수였으나 사고로 하반신이 마비되어 육상계를 은퇴한 창립 멤버 밥 우델의 부모님은 아들의 회사를 믿지 않으면 어느 회사를 믿겠느냐고 은퇴 자금을 모두 나이키에 흔쾌히 투자했다. 회사가 잘못된다면 직원의 부모님 노후 자금도 사라질 수 있는 상황이었다.

나라면 그 돈을 받을 수 있었을까? 이들 사이에 느껴지는 유대감이 가슴속까지 저릿하게 다가왔다. 사업은 단순히 돈벌이 수단이 아니라 삶의 유대와 가치를 느낄 수 있는 감동의 터가 될 수 있다. 그것을 잘 아는 필은 얼마나 절실한 마음으로 사업에 임했을까? 하루하루 달리지 않는 것이 죽기보다 싫은 일이었을 것이다.

필 나이트는 자신의 온몸을 던져 나이키라는 브랜드를 성공시켰다. 나이키는 세계 최고 수준의 생산 시설을 갖추고 있으며, 공장 노동자의 복지와 건강을 위해서도 최고 수준의 근로 환경을 제공하고 있다. 나이키는 이제 미국뿐 아니라 전 세계 모든 나라에서 '스포츠'와 '도전정신'의 상징이 되었다. '조던 농구화'는 지구 반대편에 있는 대한민국에서 농구를 좋아하는 10대 고등학생의 첫 번째 위시리스트가 된 지 오래다. 이 모든 성과는 필 나이트라는 앙트레프레너가 인생이라는 코스를 쉬지 않고 달려서 완성한 결과물이 아닐까?

기업은 사회를 위해 존재한다 :
유일한

앞서가는 삶을 산 기업인

우리나라에서 존경하는 기업인을 뽑으라면 거의 예외 없이 5위 안에 드는 사람이 있다. 유한양행의 창업자 유일한 박사다. 그는 독립운동가이자 나라를 위해 헌신한 창업가로서 최초로 '이달의 기업인'에 선정되었다. 이 창업가를 기념하기 위해 정부는 경인국도의 한 구간을 '유일한로'라고 이름 붙였다.

유일한 박사는 대한민국에서 최초로 종업원 지주제도를 실행해 주식의 52퍼센트를 직원들에게 무상으로 나눠 주었다. 어떻게 그는 이렇게 혁신적인 생각으로 기업을 운영하고 모범이 되는 삶을 살 수 있었을까?

척박한 삶의 자양분이 된 유학 생활

1904년 유일한 박사는 아홉 살의 어린 나이에 홀로 가족과 떨어져 미국으로 유학을 떠났다. 배에서 아버지가 환전해준 돈을 다 잃어버린 그는 인솔자였던 독립운동가 박용만의 도움으로 독신의 태프트 자매에게 입양되었다. 침례교 신자였던 그들은 어린 유일한이 미국 사회에 적응하도록 도와주었다.

어린 나이에 말도 통하지 않는 나라에서 그는 얼마나 많이 울었을까? 초등학교에 입학해 인종차별도 받았지만, 유일한은 기특하게도 열세 살에 독립군을 양성하는 헤이스팅스 소년병학교에 입학해 낮에는 농사를 짓고 밤에는 공부하는 생활을 했다. 방학 때는 신문을 돌려서 치열하게 자신의 힘으로 삶을 이끌어갔다. 공부와 일을 병행하면서 그는 당시 미국인도 들어가기 어려웠던 미시간 대학교에 합격했다. 아버지의 사업이 어려워지면서 그는 디트로이트에 있는 변전소에서 일하며 일과 학업, 사업을 병행했다. 이때 내면에 쌓인 성실함과 치열한 삶의 자세는 청년 유일한에게 척박한 시대를 헤쳐나갈 평생의 무기가 되었다.

대학 다닐 때 생활비를 벌어야 했던 유일한이 사업 기회를 찾는 방법은 '주변 사람들을 면밀히 관찰하는 것'이었다. 그는 미국에 살고 있는 중국인들이 고향을 그리워한다는 것을 알게 되었고, 곧 이것이 사업의 기회임을 발견했다. 그는 변전소에서 번 돈으로 중국 물건을 사서 시간 날 때마다 재미 중국인들에게 팔았다.

유일한은 졸업 후 미시간 중앙철도회사의 회계사를 거쳐 아시아인 최초로 에디슨이 설립한 GE(General Electric)에 입사했다. 그는 재미 중국인 호미리와 연인 사이였는데, 명절에 그녀가 만두를 만들어 주며 하는 소리를 듣고 또 다른 사업 기회를 생각해냈다. 호미리는 중국 만두에서 빠질 수 없는 재료가 숙주인데 미국에서는 이를 구하기 힘들어 맛없는 만두를 먹을 수밖에 없다고 푸념했다. 유일한은 이 불평을 단순히 흘려듣지 않았다. 다른 사람의 불편에서 사업의 기회를 찾았다. 이후 그는 입사 2년 만에 승승장구하던 GE에 사직서를 내고 숙주나물 사업에 본격적으로 뛰어들었다.

숙주나무 병들이 도로에 나뒹굴자 주문이 밀려들었다

그가 처음 시작한 사업은 숙주나물을 병에 담아 파는 것이었다. 시장성은 충분히 있었지만 사람들에게 알려지지 않았다. 그는 적극적으로 제품을 알릴 필요성을 느끼고 묘책을 세웠다.

그는 뉴욕 시내 대로변의 유명한 가게 쇼윈도를 트럭으로 들이받아 고의 사고를 냈다. 트럭에 실린 숙주나물 병들이 도로에 깨지면서 아수라장이 되자 이 장면이 사진과 함께 기사화되었다. 신문에 실린 숙주나물을 본 중국계 미국인들로부터 주문이 밀려들어 왔었고, 이내 날개 돋친 듯 팔려나갔다. 노이즈 마케팅이라는 단어 자체가 없던 시절에 이런 아이디어를 생각해냈다는 것이 그저 놀라울 뿐이다.

이후 유일한은 대학 동기와 함께 숙주나물 병의 단점을 개선한 숙주나물 캔을 만들면서 '라초이' 식품 회사를 설립했다. 라초이는 설립 4년 만에 50만 달러 이상의 수익을 올렸다. 1924년 유일한은 숙주 대량 매입을 위해 중국에 갔다가 아홉 살 이후 처음으로 가족과 만났다. 가족으로부터 고국의 처참한 현실을 듣게 된 그는 아버지로부터 식견을 넓혀 나라를 위해 큰일을 하라고 유학을 보냈는데 그깟 숙주나 팔고 있냐는 엄중한 질책을 들었다. 그는 대공황을 극복한 경제 대국 미국과 달리 약이 없어 목숨을 잃는 조국의 처참한 광경을 직접 보게 되었다. 그 광경은 미국의 성공한 사업가였던 유일한의 마음에 불을 붙였다. 미국의 저렴하면서도 좋은 약을 들여와서 기생충, 결핵, 학질, 피부병 등으로 고통받는 동포들을 구하고 싶었다. 나라를 위해 그리고 자신의 사명을 위해 라초이의 지분을 팔고 일제 지배하에 있는 고국으로 돌아왔다.

고국으로 돌아올 때 연희전문학교(지금의 연세대학교)의 올리버 에비슨 학장이 유일한에게 상과(경영학과+무역학과) 교수를 맡아달라고 제의했지만 그는 정중히 거절하고, 자신이 가장 잘할 수 있는 창업으로 나라를 돕기로 결정했다. 민족의 자산을 키워서 일제의 가혹한 수탈에 고통받는 국민을 살려야겠다고 생각했다. 그는 낙후된 조국의 환경을 개선할 물품을 모두 미국에서 사왔다. 그러고는 치약, 화장지, 생리대, 비누, 농기구, 염료 등을 저렴하게 보급했다. 이렇게 해서 세운 회사가 유한양행이다.

유일한은 세 가지 기업 경영 원칙을 세웠다.

첫째, 기업을 키워 일자리를 만든다.

둘째, 정직하게 세금을 낸다.

셋째, 기업을 경영해서 얻은 이익은 기업을 위해 일한 직원들과 기업을 키워준 사회에 돌려준다.

고객과의 신뢰를 제1의 가치로 삼다

유일한 박사가 기업 경영에서 가장 중요하게 생각한 것은 바로 신용이다. 신용은 어디서 오는 것일까? 몇 가지 사례를 통해 유한양행이 어떻게 신뢰를 만들었는지 확인할 수 있다. 어느 날 파상풍에 걸린 사람에게 쓸 파상풍 혈청을 2관 보내달라는 전보를 받았다. 그런데 병원에서 급하게 보낸 나머지 발신처가 없었다. 유일한 박사는 전보를 보낸 발신지 주변의 모든 병원에 혈청을 보냈다. 당시 높은 가격의 파상풍 혈청보다 사람의 생명을 살리는 것이 더 중요하다고 생각했던 것이다.

회사의 수익만 생각하면 절대 할 수 없는 일이다. 혈청을 통해 사람의 목숨을 구한 병원이 감동해서 이 사실을 주변에 널리 알렸다. 이 이야기를 들은 고객들은 유한양행은 돈보다 사람의 생명을 더 중요하게 여기는 기업이라는 이미지를 갖게 되었다.

강장제(피로회복제) 네오톤토닉을 개발할 때의 일이다. 몇몇 직원들이 다른 기업들처럼 약에 마약 성분을 넣자고 했다. 그때 당시 다른 회사의 강장제는 고객이 즉각적으로 효과를 느끼도록 마약 성분을 넣어 팔고 있었다. 유일한 박사는 "우리 회사의 생명은 신용이다. 약에 마약 성분을 넣는 것은 소비자를 속이고 국민 건강을 크게 해치는 일이다"라고 말하며 이 의견을 내놓은 직원에게 사표를 쓰라고 했다.

나라에 대한 사랑으로 사업을 시작한 유일한 박사였지만 그의 마음과 신념을 고객이 저절로 알아줄 리 없다. 아무리 좋은 마음과 신념을 가지고 시작했더라도 수익을 추구하는 과정에서 얼마든지 유혹에 맞닥뜨리게 된다. 그럼에도 창업자가 변함없이 그 마음을 사업에서 실행하여 '인테그리티(Integrity, 무결성, 무오성)'를 만드는 것이 중요하다. 이렇게 쌓인 고객의 신뢰가 결국 사업을 더 크게 성장시킨다. 눈앞의 수익보다 고객을 먼저 생각하는 기업 철학이 온전히 구현된다면, 그것은 다시 수익으로 돌아온다.

유일한 박사를 알면 알수록 존경심이 밀려왔다. 한국에서 사업을 하는 기업가로서 유일한 박사를 잘 몰랐다는 사실이 부끄러웠다. 마치 한글을 쓰면서 세종대왕에 대하여 잘 모르는 것과 같았다. 세종에 대해 알아야 한글을 쓸 수 있는 것은 아니다. 하지만 세종대왕이 백성을 향한 사랑을 가지고 거센 사대부들의 반대를 뚫고 세계 최고의 문자를 전파한 마음을 알고 있다면, 한글을 사용할 때 큰 자부심을 느낄 수 있을 것이다.

마찬가지로 나도 그분과 같은 한국인 사업가라는 생각에 큰 자부심을 느낀다. 회사는 수익이 가장 중요하겠지만, 수익과 함께 고객들에게 사랑과 존경을 받을 수 있는 창업주가 된다면 더욱 가슴 떨리는 삶이 되지 않을까? 그리고 그런 기업이 점점 많아진다면 한국은 전 세계의 존경을 받는 나라가 되지 않을까? "기업에서 얻은 이익은 그 기업을 키워준 사회에 환원해야 한다"는 유일한 박사의 말은 사업을 하는 나에게는 평생 가슴에 새겨야 할 귀감으로 남아 있다.

딱, 사고 칠 수준만큼만 하라 :
케빈 시스트롬

사진 한 장과 해시태그의 미학 인스타그램

월 사용자 10억 명, 기업가치 110조(약 1,000억 달러), 한국에서 성장세가 가장 큰 SNS 애플리케이션, 바로 인스타그램이다. 사진 한 장과 해시태그의 미학으로 알려져 있는 인스타그램은 스탠퍼드 경영대학 출신 케빈 시스트롬(Kevin York Systrom)이 창업했다. 앱 출시 두 달 만에 사용자 100만 명을 돌파했고, 2년이 되기도 전에 페이스북에 1조 원(약 10억 달러)에 매각했다.

케빈 시스트롬은 매사추세츠주 보스턴 외곽의 시골 마을에서 태어났다. 시골뜨기 아이였던 시스트롬은 자신이 여러 가지 일을 해보는 것을 좋아한다는 것을 깨달았다. 그리고 자신이 정말 수많은 가능성을 가지고 있음을 믿었다. 그 가능성을 키우기 위해 대학교를 가기로 결정하고, 대입을 위한 기숙학교(Boarding School)에 입학했다. 꽉 막힌 기숙사 창문에 안테나를 설치하고 해적 방송을 들으며 전단지 제작, 디제잉 등 여러 가지 재미있는 일을 하며 보냈다. 학교에서는 새로운 것들을 많이 접하고 읽었다. 웹브라우저의 표준이었던 넷스케이프(Netscape)에 대한 책을 읽었으며, 자신이 사랑하는 '여러 가지 일을 해볼 수 있는' 세상이 오고 있다는 것을 알았다.

중학교 시절, 그는 동부의 고등학교를 탐방하던 중에 스탠퍼드대학교 방문 계획도 세웠다. 스탠퍼드를 견학할 때 시스트롬은 아름다운 야자수와 모든 사람이 최선을 다해 멋진 일을 하고 있는 광경을 보았다. 그는 거기에서 공부하는 자신의 모습을 상상하며 기숙학교 시절을 보냈고, 드디어 스탠퍼드대학교에 입학했을 때는 자신이 새로 들어온 신입생이 아니라 그전부터 다니던 것처럼 생각했다.

미국에서 가장 입학하기 어려운 스탠퍼드 경영대학은 시스트롬에게 자신을 바로 알고 자신이 원하는 것을 하나씩 실현하는 과정에 불과했다. 그는 자신에게 질문을 던질 줄 아는 창업가였다. 그리고 자신이 사랑하는 것을 하기에 가장 적합한 환경을 꿈꾸고 실현했다. 그는 어떻게 서로 다른 아이디어를 이리저리 넘나들 수 있을까 치열하게 질문하고 도전했다.

첫 창업을 대학에서 하다

케빈 시스트롬은 대학교 다닐 때부터 스타트업을 시작했다. 스탠퍼드 경영대학에서 앙트레프레너십에 대한 수업을 확실히 자기 것으로 만들어서 창업에 대한 마인드셋은 확고하게 자리 잡았다. 경영학을 전공하면서 취미로 코딩을 독학했다. 첫 사업은 놀랍게도 이탈리아 피렌체에서 시작했다. 피렌체 해외연수 프로그램에 참여하면서 머릿속에 이런 질문이 떠올랐다. '연초나 연말이 되면 학생들이 물건을 정리하거나 새로 구매하는데, 어떻게 하면 학생들이 물물교환하는 것을 도울 수 있을까?' 미국에 돌아와서 해도 될 일이었지만 시스트롬은 실행을 미루지 않았다.

스탠퍼드대학교 학생들이 서로 물물교환을 할 수 있도록 트리리스트(Tree List)라는 광고 홈페이지를 만들었다. 숙소에서 며칠간 홈페이지를 코딩했지만 와이파이가 연결되지 않았다. 눈 오는 날 노트북을 들고 와이파이가 연결되는 국립도서관 외벽에 붙어서 약한 인터넷 신호를 잡아내 홈페이지가 인터넷에 올라갈 때까지 전송 버튼을 누르고 또 눌렀다. 결국 홈페이지는 만들어졌고, 홍보를 위해 대학생들에게 광고 메일을 뿌렸다.

그가 만든 사이트는 너무 불편해서 평가가 좋지 않았다. 다행히 그는 그런 피드백을 들을 수 없는 외국에 있었고, 사업을 실행했다는 자신감에 가득 차서 작업을 했다. 오로지 사람들이 자신의 홈페이지를 이용하는가 하지 않는가에 관심이 있었다. 아이디어의 성공보다 아이디어를 실행하면서 배운 것들이 더욱 중요하다. 머릿속의 아이디어를 실행했기 때문에 웹 프로그래밍 능력과 웹 서비스를 사람들에게 마케팅하는 방법을 배울 수 있었다.

딱, 사고 칠 수준만큼 익혀라

창업을 하기 위해서는 배워야 하는 기술과 능력이 많이 있지만, 어느 정도까지 지식을 쌓고 익혀야 하는 걸까? 케빈 시스트롬의 앙트레프레너십에 따르면 '딱, 사고 칠 수준(dangerous)'만큼 할 줄 알아야 한다. 경영을 전공한 사람이 IT 분야의 창업을 하기 위해 어느 정도 프로그래밍을 알아야 하는가?

최고가 될 필요는 없지만 사고 칠 수준만큼 알아야 한다. 자신의 아이디어를 실제화하고 개념화하여 세상에 보여줄 수 있어야 한다. 내가 생각한 아이디어를 다른 사람에게 제시하고 그것에 동의하게끔 구현할 수 있어야 한다는 것이다. 나보다 프로그래밍을 더 잘하는 동료가 구현된 것에 더 매력을 느끼고 더 발전시킬 수 있다.

이것을 음식 사업에 적용해보자. 음식 사업을 하기 위해 모두가 백종원 대표처럼 음식을 잘할 필요는 없다. 하지만 새로운 아이디어나 시스템을 구현하기 위해 나보다 음식을 더 잘하는 사람들에게 제시할 수 있어야 한다. 분명히 백종원 대표가 운영하는 프랜차이즈 가맹점에는 그보다 음식을 더 잘하는 요리사도 있을 것이다. 백종원 대표보다 요리를 못해서 프랜차이즈를 가맹하는 것이 아니다. 백종원 대표가 제시한 사업 모델에 동의를 하기 때문에 사업을 진행하는 것이다.

모든 경험은 연결된다

미국 최고의 명문대인 스탠퍼드대학교를 졸업하자 케빈 시스트롬의 친구들은 투자은행, 컨설팅 기업 매킨지 등에 면접을 보러 다녔다. 하지만 케빈 시스트롬은 면접을 통과해서 억대 연봉을 받는 친구들이 오히려 걱정되었다. 과연 그들이 회사를 나와 사업을 하는 위험을 감수할 수 있을까?

부모님께 창업을 한다고 이야기했을 때, 케빈 시스트롬 역시 두려움을 느꼈다. 하지만 그는 자신이 성공하든 실패하든, 그 과정에서 얻게 된 경험과 지식이 언젠가는 자신에게 성공을 가져다주는 귀중한 기회로 남는다는 것을 알고 있었다.

완벽한 선택은 없다. 성공을 향한 실행이 있다면 모든 경험은 연결된다. 피렌체의 사진학 수업에서 배운 대로 사진을 변조해봤던 경험이 나중에 인스타그램이라는 세상을 바꾸는 아이디어로 구현되었다. 수년간 모든 실행의 경험이 쌓이고 합쳐지고 발전되어 새로운 성공의 문을 열어준다. 케빈 시스트롬은 "아이디어의 성공보다 그것을 실행하는 과정에서 습득하는 기술이 중요하다"고 말한다.

실리콘밸리 연결의 왕 :
리드 호프만

사람을 끌어당기는 자석

창업가이자 최고경영자, 엔젤투자자, 벤처캐피털리스트, 이사회 이사 등 스타트업의 거의 모든 부문에 대한 경험을 가지고 무슨 문제든 상담을 해줄 수 있는 실리콘밸리의 전설이 있다. 페이스북(Facebook), 에어비앤비(AirBnB), 그루폰(Groupon), 플리커(Flickr) 등 60개 이상의 기업에 투자하고, 특히 페이스북에 대한 투자로 조 단위의 차익을 남긴 사람이다. 바로 전 세계 2억 3천 명이 구인 구직 정보를 올리고 있는 링크드인(LinkedIn)의 창업자이자 42억 달러(약 4조 6,000억 원)의 자산가 리드 호프만(Reid Hoffman)이다.

리드 호프만의 별명은 여러 개인데, 연결의 왕(King of Connections), 실리콘밸리의 신관(Oracle of Silicon Valley), 페이팔 마피아(본인은 페이팔 네트워크라고 부르는 것을 좋아한다)다. 별명에서 알 수 있듯이 실리콘 밸리에 있는 사람들은 리드 호프만을 빼고 실리콘밸리를 이야기할 수 없다고 말한다. 리드 호프만이 행복을 느낄 때는, 힘든 문제를 겪는 창업자들을 도와 함께 문제를 풀어나가는 순간이다. 그는 날카로운 이성을 활용하여 정확한 상황 분석과 명백한 조언을 해준다. 힘든 문제를 겪고 있는 상대방의 마음까지 공감하는 능력 덕분에 한 번이라도 만나서 도움을 받으면 모두 그의 팬이 된다. 사람을 끌어당기는 자석처럼 주변에 훌륭한 실리콘밸리 출신의 인재들이 계속해서 모여든다. 심지어 리드 호프만이 도울 수 없는 일이 있다면 도울 수 있는 사람을 소개해주기까지 한다.

실리콘밸리의 철학자

리드 호프만은 게임에 빠져서 어린 시절을 보냈다. 열두 살의 나이에 게임 회사에서 돈을 받으며 테스터로 일했는데, 매뉴얼이 불편하다며 매뉴얼을 다시 쓸 정도로 영특한 아이였다. 그는 어릴 때부터 세상에 큰 영향을 미치고 싶다고 생각했다. 게임을 하면서 공부도 잘했는지, 장학금을 받으며 스탠퍼드대학교에 합격했다. 스탠퍼드대학교에서는 인간과 컴퓨터에 대한 철학적 접근을 다루는 심볼릭 시스템스(Symbolic Systems)와 인지심리학을 전공했다. 졸업 후 옥스퍼드 대학교에서 철학 석사 학위를 받았다.

스탠퍼드에 입학하기 전까지 앙트레프레너십도, 소프트웨어에 대한 지식과 기술에 대한 아무런 이해가 없었다. 하지만 인문학적으로 사고할 수 있는 깊은 토대를 가지고 있었다. 원래는 철학과 교수가 되려고 했지만, '나는 50명이 읽을 논문을 쓰기보다는 수백만 명의 삶에 도움이 되고 싶다'고 생각하고 창업가가 되었다. 그가 가지고 있는 '사람의 연결에 대한 철학'은 실리콘밸리의 많은 창업가들에게 영감을 주었고 사람들을 연결하는 많은 회사들을 만들었다.

창업의 길, 협력자의 길

리드 호프만은 자신이 창업하는 데 필요한 기술을 습득할 수 있는 가장 빠른 길이 취업이라고 봤다. 그는 스티브 잡스가 그만둔 뒤로 창업자 마인드가 많이 사라진 애플에 들어갔다. 하지만 당시 애플에 인재는 많았지만 창의성과 혁신이 죽어 있었다. 그는 곧 회사를 그만두고, 1997년 마침내 첫 스타트업 '소셜넷닷컴(SocialNet.com)'을 창업했다. 그러나 회사의 성장 전략에 대해 이사회와 의견 충돌이 잦았다. 결국 호프만은 자신이 설립한 회사를 그만두었다.

어느 날 그는 스탠퍼드대학교 시절 철학에 대해 자주 토론했던 지인을 만났다. 스탠퍼드대학교에서 철학을 전공한 지인이 카드 없이 인터넷에서 간단하게 결제가 가능한 멋진 아이디어가 있다고 이야기했다. 당시 가장 큰 인터넷 쇼핑 회사인 이베이(ebay)에서 이 기능을 사용해서 결제를 하게 만들겠다는 터무니없는 목표까지 말했다. 리드 호프만은 형편없는 아이디어지만 그래도 자신이 도와줘야겠다고 생각했다.

까다로운 카드사들을 관리하는 운영 책임자로 합류하게 되었지만 자신이 맡은 분야의 일만 처리하지 않았다. 사업 개발, 정부 관계, 법무 관계, 심지어 인수합병 업무도 처리했다. 리드 호프만은 기꺼이 그 지인의 편이 되었고 헌신적이고 유능한 협력자가 되었다. 해야 되는 일만이 아니라 할 수 있는 일까지 도맡아서 큰 성과를 안겨주었다. 이 헌신도 사람에 대한 연결의 철학이 있었기에 가능한 일이었다.

그 지인이 세계 최초로 핀테크 기업을 설립한 피터 틸(Peter Thiel)이다. 피터 틸이 설립한 회사가 미국 최고의 전자결제 서비스 페이팔(Paypal)이다. 페이팔이 구글에 15억 달러(약 1조 7,000억 원)에 매각될 때, 호프만 역시 엄청난 돈을 벌었다. 헌신적인 업무로 페이팔의 매각에 큰 도움이 되었지만, 본인도 백만장자가 된 것이다. 페이팔의 창업 멤버로 큰돈을 벌어서 창업한 사람으로 테슬라의 일론 머스크, 유튜브의 스티브 첸 등을 꼽을 수 있다. 이들을 페이팔 마피아라고 부르고, 피터 틸은 페이팔 마피아의 대부다.

리드 호프만 역시 페이팔의 성공을 통해 번 돈으로 링크드인을 창업했다. 큰돈을 벌면 사치를 하고 싶게 마련인데, 백만장자가 된 리드 호프만이 한 사치라고는 고작 혼다 자동차 한 대를 구입한 것뿐이었다.

긍정적으로 보기

리드 호프만의 앙트레프레너십 중에 '크게 생각하고 빠르게 행동하라(Think Big, Act fast)'가 있다. 목표의 크기와 상관없이 그 목표에 들어가는 노력은 같기 때문에 목표는 크게 잡고, 아이디어를 빨리 구체화하라는 것이다. 아이디어를 현실화하는 데는 각 분야의 전문가와 좋은 인맥이 필요하기 때문에, 빨리 구체화해야 다른 사람들과 협업해서 좋은 아이템으로 발전시킬 수 있다. 첫 번째 서비스가 부끄럽지 않다면 너무 늦게 시작한 것이다. 실패를 두려워하지 말고 빨리 추진하는 것이 성공의 핵심이다.

'사람의 연결에 대한 철학'과 '크게 생각하고 빠르게 행동하라'는 것은 어떻게 보면 부작용이 더 큰 앙트레프레너십이라는 생각이 들지도 모른다. 사람에게 속을 수도 있고 소개해준 사람이 피해를 볼 수도 있지 않은가? 크게 생각하면 더 많은 에너지가 들지 않을까? 어설프게 실행했다가 오히려 나쁜 이미지만 생겨서 그 이미지를 복구하는 데 더 많은 비용과 노력이 들어가지 않을까? 두 철학이 성공적으로 적용되기 위해서는 리드 호프만의 앙트레프레너십인 '긍정적으로 보기(Be positive)'가 전제되어야 한다.

기본적으로 사람과 아이디어와 사업에 대한 긍정적인 마인드가 바탕이 되어야 진행이 가능하다. 사람을 소개해줬는데 자신의 생각과 다르다면, 이번 경험을 통해 사람을 보는 안목이 생길 수 있다. 나쁜 이미지도 아이디어를 실행했기 때문에 생긴 것이고, 이 실행을 통해 무언가를 배웠다면 성장할 수 있다. 실패가 두려워서 연결하지 못했다면 기회를 잡지 못했을 것이고, 리드 호프만의 연결로 창업한 수많은 회사들 역시 탄생하지 못했을 것이다. 철학까지 전공하며 사람과 기계의 존재를 치열하게 고민한 결과 중 하나가 긍정적으로 보는 것이라면, 당신도 오늘 긍정적인 태도를 선택하는 것은 어떨까? 리드 호프만의 "인맥이란 한 번의 클릭으로 오지 않는다"라는 말은, 바로 이런 삶의 태도를 말해주는 것이다.

좋아하는 것의 힘 :
호창성

토종 한국 출신 부부 창업가

부부가 함께 창업하면 어떤 모습일까? "아침에 눈을 떠서 밤에 잠들 때까지 일 얘기를 할 수 있어서 좋다", "나의 최고의 멘토는 당신"이라고 말하는 이들은 23년 동안 창업의 현장에서 성공한 부부 문지원, 호창성 대표다. 이들은 미국 유학 시절이던 2007년 창업한 동영상 자막 서비스 '비키(Viki)'를 일본의 전자상거래업체 라쿠텐에 2억 달러(약 2,300억 원)에 매각해 성공한 스타트업의 표본이며, 서울-미국 실리콘밸리-싱가포르를 오가며 스타트업 비즈니스를 해본 '글로벌 창업' 1세대다.

두 사람은 비키의 성공에 그치지 않고 '빙글(Vingle)'이라는 회사를 창업했다. 빙글은 미국에서 열린 스타트업 컨퍼런스 '비글로벌

(beGLOBAL)2014'에서 실리콘밸리 벤처투자가들이 뽑은 가장 유망한 기업 1위에 올라 '다음 세대 한국의 유니콘'이라는 평가를 받았다.

이들은 절망적으로 어려웠던 시절도 있었지만, 그 시절을 모두 이겨내고 성공한 창업가다. 그들만의 앙트레프레너십으로 부부가 손을 맞잡고 척박한 외국 땅에서 성공을 일궈냈다.

한국인이 스타트업을 한다는 것

서울대 공대 남학생 호창성과 이화여대 문과대학 여학생 문지원은 연합 동아리 M.T.에서 만났다. 호창성이 졸업 프로젝트를 제출할 때 문지원이 디자인을 도와주었다. 졸업 프로젝트를 검토한 해외 대학 출신의 서울대 교수가 "외국 대학교에서는 인재들이 모두 창업을 한다. 이걸로 창업하면 아주 잘되겠는걸?"이라고 했다. 호창성은 창업을 골똘히 생각해보지는 않았지만, 마음에 '창업'이라는 씨앗을 남겨두었다. 여자 친구였던 문지원은 그 졸업 프로젝트에서 디자인을 도와줬지만, 창업이라는 단어는 아예 떠올려본 적이 없다.

하지만 호창성 대표의 씨앗이 자라서 두 사람은 2000년 회사를 시작하고, 소프트웨어진흥원의 창업진흥센터에 당당히 입주했다. 우리나라에 닷컴 버블이 있었던 때라, 입주하자마자 주위에서 성공 소식이 마구 들려왔다. 어떤 회사가 몇십억 투자를 받았다느니 주식 가치가 몇백 억이 되었다느니 하는 소리였다. 창업 생초보인 둘은 돈이 얼마나 필요한지도 몰랐다.

창업한 지 두 달도 안 돼 닷컴 버블이 붕괴했다. 투자를 받아서 자금을 조달할 방법이 없었다. 다른 회사의 일도 하면서 사업의 방향도 바꿔 그냥 연명하는 수준으로 버텼다. 3년을 버티고 1억이라는 빚을 남기고 회사를 처분했다. IT 회사라면 지긋지긋했고, 당장 빚을 갚기 위해 기업체에 취직했다. 창업자의 자리에서 불안에 떨며 3년을 지낸 호창성은 프로젝트에 실패해도 매달 나오는 안정적인 월급이 좋았다. 게다가 회사에서 맡은 업무도 적성에 맞았고 이는 회사 업무의 성과로 이어졌다.

성장 전략을 세우고 실행하다

하지만 아내 문지원은 달랐다. 회사를 넘긴 뒤에도 창업을 생각했다. 전공이기도 한 교육 쪽 창업을 하고 싶었다. 그녀는 넓은 세계에서 지식과 경험을 쌓고 일을 시작하는 것이 좋겠다고 판단하고 남편에게 폭탄 선언을 한다.

"나 유학 갈 거야."

안정된 회사에서 승승장구하던 호창성이었지만 같이 가자고 했다. 아내는 하버드대학교 교육학과에 입학해 사업 아이템을 찾았고, 남편은 스탠퍼드 경영대학원에서 공부하며 서로의 시너지를 극대화할 성장 전략을 세웠다. 둘은 바로 미국행 비행기에 몸을 실었다.

한국에서 온 미국 MBA 유학생들은 대부분 커리어를 바꾸기 위해 금융이나 마케팅을 전공했다. 창업을 목표로 하는 사람은 거의 없었다. 문지원은 영어에 한이 맺힌 유학생들을 보면서 '언어 장벽을 없앨 방법이 없을까?'를 생각하며 창업을 구상했다.

비키를 창업하다

2007년 가을, 스탠퍼드대학교에서 도보 5분 거리에 위치한 허름한 가정집에서 비키(Viki)를 창업했다. 초기 창업 멤버는 이들 부부와 엔지니어 2명으로 넷에 불과했다. 한국의 창업 문화를 알리겠다며 미국 친구들을 불러놓고 고사를 지냈다. 미국 친구들이 큰 충격을 받을까 봐 실제 돼지머리 대신 골판지에 돼지머리를 그려서 사용했다.

비키를 오픈하고 일단 공개된 콘텐츠에 대한 번역을 하면서 고객들의 반응을 살폈다. 고객들은 확실히 드라마나 영화에 반응을 보였다. 그런데 유튜브에 공개된 콘텐츠만 가지고 번역을 하는 것은 한계가 있었다. 그래서 저작권 문제를 해결한 콘텐츠를 확보하려고 했지만 쉽지 않았다. 한국 드라마에 대한 수요가 있다고 판단해서 방송사를 찾아갔다가 핀잔만 들었다.

"아무리 한류라고 해도 한국 드라마는 기본적으로 교포들만 보는 거 아닌가요? 시장성이 없을 거 같은데."

이것이 방송사의 반응이었다. 이들은 포기하지 않고 제작사를 찾아갔다. 〈꽃보다 남자〉 제작사인 그룹 에이트를 방문해서 저작

권을 해결한 콘텐츠를 처음 따냈다. 드라마가 업로드된 지 1시간 안에 자막이 완성됐고, 24시간 안에 36개국 언어로 번역됐다.

미국에서 한국인이 창업을 한다는 것

미국에서 태어나 명문대에 입학해서 인맥까지 만든 한국인이 아닌 한 투자를 받는다는 것은 극도로 힘든 일이다. 그럼에도 불구하고 2008년 미국 벤처캐피털 찰스 리버 벤처스(Charles River Vantures)로부터 25만 달러를 투자받고 사업을 확장하는 데 성공했다. 그러나 수익 모델이 없어 2009년에 투자 비용이 바닥났다. 직원을 한 명으로 줄이고 PC방에서 사업을 하면서 비키의 사용자들이 기부한 돈 월 1,000만 원을 가지고 겨우 서버 비용을 충당하는 힘든 생활로 1년간 사업을 유지했다.

추가 투자를 받기 위해 수십 군데의 벤처 투자자들을 만났지만, 배경도 인맥도 없는 한국인에게는 아무도 투자하지 않았다. 이때 실리콘밸리의 전설 리드 호프만에게 투자를 받았다. 리드 호프만이 투자를 결정했을 때, 기존에 만났던 모든 투자자들이 기다렸다는 듯이 모두 투자하면서 목표였던 330만 달러에서 100만 달러를 초과한 430만 달러를 투자받을 수 있었다. 2010년에는 1,800만 달러를 투자받고 성장한 뒤 2013년 2억 달러에 일본 라쿠텐에 기업을 매각했다.

그 부부의 성공 요인

문지원, 호창성 공동 대표는 첫째 꿈을 꾸는 데 남을 의식하지 않았다. 끝 모를 호기심과 자신감으로 대기업 취업이 아닌 창업을, 실패 후에도 재창업을, 한국 대신 먼 미국 땅 실리콘밸리에서 창업을 선택했다.

둘째는 성공한 사업가들이 많은 환경으로 자신들을 던졌다. 당시 스탠퍼드대학교 주변은 창업 열기로 뜨거웠다. 카페나 술집의 모든 테이블에서는 창업가와 엔젤투자자, 창업가와 벤처캐피털의 만남이 이뤄지고 있었다.

문지원 대표가 다니던 하버드대학교도 창업의 열기가 뜨거웠지만, 스탠퍼드는 인근의 주부들도 벤처 창업을 하겠다고 나서는 상황이었다. 창업에 관심 있는 친구들에게 둘러싸여 있는 것 자체가 도움이 되었다.

꿈꾸는 창업가

세계 최고의 혁신 센터라 불리는 실리콘밸리를 움직이는 힘은 과연 무엇일까?

세계 각지에서 모여든 최고의 인재들, 풍부한 벤처캐피털과 투자 환경이 있다. 유명한 대기업의 IT 채용 담당자는 스탠퍼드 컴퓨터 공학과 석사와 박사 출신을 구하는 것은 하늘의 별 따기라고 한다. 대부분이 창업을 하거나 초창기 벤처 회사에서 일하는 것을 선호하기 때문이다. 그 인재들은 왜 안정된 대기업을 들어가지 않고 실리콘밸리로 모여서 열정을 다해 일하는가?

문지원 대표와 호창성 대표는 그것이 바로 꿈에서 오는 에너지라고 이야기한다. 실리콘밸리는 첫째, 꿈이 실현될 확률이 세계 최고로 높고, 둘째, 그 꿈이 실현되지 못하더라도 새로운 꿈을 꿀 수 있는 기회가 있는 건강한 사회라는 것이다.

건강한 사회는 내가 열심히 일하면 신분 상승 또는 인생이 획기적으로 달라지리라는 꿈을 가질 수 있다. 평생 나무만 해온 나무꾼에게 바다를 보여주는 것이 꿈이다. 바다에 나갈 배를 만들기 위해 나무꾼은 밤새 일해도 힘들지 않다. 누가 말려도 나무를 하러 간다.

실리콘밸리에서는 이 성공 스토리가 일상이다. 옆집 사람이 수십억의 투자를 받고, 지난주에 만난 사람이 수천억에 회사를 파는 일이 일상적으로 일어난다.

여기서는 오히려 꿈을 꾸지 않으면 낙오되는 느낌이다. 실패하더라도 경력에 해가 되지 않는다. 최고의 인재들이 실리콘밸리에 모여 있기 때문에 그들과 가까이 일하면서 성장하고, 사람들의 시선도 나쁘지 않다.

우리나라에서는 내 자본으로 창업하고, 사업이 망하면 사돈의 팔촌까지 빚더미에 오르는 경우가 많았다. 나라의 힘이라고 할 수 있는 1990년대생들은 대부분 회사에서 적당히 일하고 여가 시간을 즐기는 삶을 살아간다.

1950년대 한강의 기적을 이룰 수 있었던 것은, 실리콘밸리에서 지금도 꿈틀대고 있는 꿈의 힘이 있었기 때문이다. 우리나라도 문지원, 호창성과 같은 꿈의 힘을 가진 창업가들이 많이 생겨 실리콘밸리를 넘어선 혁신의 나라, 꿈의 나라, 건강한 나라가 되기를 꿈꾼다.

3장

경제 전쟁, 우리에겐
앙트레프레너십이
필요하다

경제 전쟁에서는
경제 영웅이 필요하다

경제 전쟁의 시대

20세기는 총칼로 전쟁을 했다면 21세기는 경제로 전쟁을 하는 시대다. 미국은 신흥 패권국인 중국을 상대로 무역 전쟁을 시작했으며 그 여파로 우리나라는 심각한 경제적 타격을 입었다. 일본은 정치적 이슈를 화이트리스트 배제를 통한 경제 보복으로 화제를 돌려 돌파하고자 했으며, 이는 25퍼센트의 수출을 감당하는 한국 반도체 시장에 타격을 입혔다. 한국도 일본 제품에 대한 불매운동을 했고 그 피해는 고스란히 양국 국민들의 몫으로 돌아갔다. 한국의 경제 기반을 측정한 지표인 경제성장률과 잠재성장률 모두 2000년 이후 급속도로 떨어지고 있다.

경제의 난세

자본주의 사회에서는 금력이 곧 국력이다. 국방, 정치, 복지, 외교에도 금력이 필요하다. 기술의 발전으로 인한 고용 없는 성장과 시대에 따르지 못하는 교육을 통해 경제적 난세를 맞게 되었다. 중소기업은 인재가 없어서 허덕이고 청년들은 일자리가 없어서 허덕인다.

다보스 포럼 의장 클라우스 슈밥(Klaus Schwab)은 4차 산업혁명을 이야기하면서, "큰 물고기가 작은 물고기를 잡아먹는 것이 아니라 이제는 빠른 물고기가 느린 물고기를 잡아먹는 시대가 왔다"라고 이야기했다. 하나의 애플리케이션 회사였던 '카카오'는 '다음'이라는 거대한 포털사이트 기업을 인수 합병했다. 숙박 시설이 하나도 없는 에어비앤비는 호텔 공룡 힐튼보다 기업가치가 높다. 능력 있는 개인이 자신의 아이디어와 기술을 빠르게 상용화해서 큰 성공을 거둘 수 있다. 지금이야말로 우리나라에 경제 영웅이 등장할 때가 아닐까?

난세가 영웅을 만든다

《삼국지》의 영웅들은 이보다 더 심한 난세에 등장했다. 망해가는 한나라에서 충신이 되어 나라를 바로잡고자 했던 조조는, 더욱 몰락해가는 한 왕실에 크게 실망하고 난세의 간웅이 되었다. 지방의 한량이던 유비는 포악한 관리를 살해하고 숨어 살던 관우와 백정이었던 장비를 데리고 한 왕실을 부활하고자 했다.

난세가 아니었으면 조조는 유비와 함께 한나라의 우직한 충신이 되지 않았을까? 탐관오리가 없어졌다면 관우는 살인을 할 필요가 없었다. 장비는 집안이 망하지 않고 귀족집 자제가 되었을지도 모른다. 나 역시 회사에서 사건이 터져서 상사에게 구타를 당하고 욕설을 듣는 사건이 일어나지 않았다면, 신입사원 때부터 되고 싶었던 폴란드 지사장을 목표로 회사에 출근했을 것이다. 그러면 이 책 역시 나오지 않았을 것이다.

돈을 버는 다섯 가지 방법

지금이야말로 부(富), 즉 돈을 공부해야 할 때다. 부에 대해 간절한 마음을 가져야 한다. 부의 지배자가 되어 경제적, 시간적 자유를 얻어야 한다. 세상에 없던 새로운 가치를 발견하여 시스템을 만들고 부의 흐름에 몸을 던져야 한다.

돈을 버는 방법에는 크게 다섯 가지가 있다. 첫째, 기업에 소속되어 자신의 시간을 돈과 바꾸는 노동자. 둘째, 기업에 소속되지 않으면서 자신의 시간을 돈과 바꾸는 프리랜서. 셋째, 책이나 강연, 컨설팅을 통해 다른 사람의 문제를 해결해주는 전문가. 넷째, 부를 창출하는 시스템을 만들고 경영하는 기업가. 다섯째 자신의 자본을 가치가 오르는 곳에 투자해 돈을 버는 투자가.

일반적으로 노동자와 프리랜서보다 전문가와 기업가, 투자가가 훨씬 많은 돈을 번다. 학교에서는 노동자와 프리랜서가 되는 방법만 배울 수 있다. 큰 부가가치를 창출하는 기업가나 전문가, 투자가가 되는 방법은 학교가 아닌 다른 곳에서 배워야 한다.

나라를 경제 난세에서 구해주는 창업가

그렇다면 경제적 난세에는 어떤 영웅이 필요한가? 바로 창업가(기업가)가 필요하다. 가장 적극적으로 부의 흐름을 온몸으로 맞으며, 일자리를 창출하고, 나라를 위해 세금을 내고, 없었던 가치를 창조하는 창업가는 사업으로 지역사회에 적극적으로 공헌할 수 있다.

일본에서 납세율 1위를 차지하고 있는 최고의 부자 사이토 히토리는 네 가지가 좋은 사업을 하면 절대 망하지 않는다고 한다. 첫째, 소비자가 좋고, 둘째, 일하는 사람이 좋고, 셋째, 나라가 좋고, 넷째, 하늘이 생각해도 좋은 사업이다. 사이토 히토리는 나라에 세금을 가장 많이 내는 사람이 되겠다고 목표를 정했다.

많은 사업가들이 세금을 아까워한다. 어떻게든 머리를 써가며 세금을 한 푼이라도 아끼려 한다. 하지만 사이토 히토리는 세금을 통해 공무원들의 월급을 주고 지역이 발전해 자신의 사업 인프라를 만들어주어 더욱 잘된다고 했다. 심지어 세무 감사가 나오면 너무 고맙다고 한다. 나라 최고의 인재들이 회사로 와서 수일 동안 회사의 회계를 고쳐주니 얼마나 감사하냐고 말이다. 사업을 한다는 것은 나라와 국민에게 이로운 일이다.

한 사람의 경제적 독립을 책임진다는 것

일자리 창출만 해도 대단한 일이다. 한 사람의 경제적 독립을 위해 좋은 일자리 하나를 만들어낸다는 것은 참으로 행복한 일이다. 최근 우리 회사에 매우 훌륭한 인재가 입사했다. 인성은 물론이고 실력까지 고루 갖춘 사람이다. 사장의 마인드로 일도 스스로 찾아서 하는 최고의 직원을 만나 우리는 큰 행복을 누리고 있다.

최근 그와 차를 마실 때의 일이다. 갑자기 그가 말했다.

"우리 회사에서 일하는 것을 주변에서 너무 부러워하고 있어요. 감사해요."

그때 느낀 자부심과 행복감은 어디에서도 얻을 수 없는 것이다. 하지만 그에 대한 이야기를 하면 우리가 오히려 주변 CEO들의 부러움을 한몸에 받는다는 사실을 그는 잘 모를 것이다. 이런 사람들과 함께 일하기 위해서라도, CEO 노릇을 더 잘해야겠다고 다짐한다.

기업가는 자신의 성과에 책임을 지는 사람이다. 자신의 성과에 책임을 진다는 것은 자신의 삶을 책임지는 것이다. 세상에 대한 끊임없는 질문과 도전으로 자신의 이야기를 써 내려가는 사람들이 기업가다. 흔히 불경기에는 사업이 어렵다고 한다. 하지만 경영의 신으로 불리는 일본항공인터내셔널(JAL) 회장 이나모리 가즈오는 이렇게 이야기한다.

"호경기, 사업하기 좋다. 불경기, 사업하기 더 좋다!"

불경기가 되면 인재들과 건물, 장비들을 싼값에 구입할 수 있다. 어떤 시각과 아이템을 가지고 있느냐, 그리고 그것을 구현할 수 있는 역량을 가지고 있느냐가 불경기를 기회로 만들 수 있다. 위기와 실패를 기회로 만들어내는 사람이 진정한 사업가다.

경제 영웅의 삶

기업가가 된다는 것은 '나'라는 브랜드를 만드는 과정이다. 다사다난한 삶을 살게 될 것이며, 그 안에서 많은 성공과 실패를 경험하게 될 것이다. 성장하지 않으면 바로 시장으로부터 도태되는 현실에 놓이게 될 것이다. 그리고 그때야말로 성장을 향해 나아가기에 가장 좋은 환경이다. 잘된다 싶으면 다 내 덕인 것 같아서 목이 뻣뻣해진다. 그러면 여지없이 시장은 진상 손님을 통해 겸손을 가르쳐준다. 매출이 떨어지면 가슴이 쿵쾅거리고, 매출 상승을 위해 누구보다 간절히 노력하게 된다.

고객 응대에 문제가 있는지, 직원들에게 불만이 있는지, 경쟁 업체가 생겼는지, 상품의 질이 떨어졌는지, 고객들이 변했는지, 나라의 경제가 나빠졌는지 고민하고 둘러본다. 항상 간절하기 때문에 누구보다 더 열심히 노력하게 된다. 새벽에 CEO 조찬 모임에 가면 6시부터 호텔 주차장이 붐빈다. 하루 24시간을 쪼개고 또 쪼개도 모자라다. 책이 손에서 떠날 때가 없고, 자신을 끊임없이 성장시킨다. 이런 기업가가 경제 난세에 가장 필요한 인재상이다.

우리에게 필요한
철인 창업가

철인 군주 세종대왕

"내 잘못은 나를 키워준 국가를 바로잡지 못한 것이다."

한 위대한 철학자, 소크라테스가 죽음에 이르게 된 이유다. 사랑하는 스승의 죽음을 지켜보고 큰 충격에 빠진 제자, 플라톤은 해결책을 찾기 시작했고 지혜로운 사람이 국민을 이끌어야 한다는 철인군주 정치를 주장하게 되었다. 철인 군주는 강철 같은 강력한 군주를 이야기하는 것이 아니라 '철학하는 군주'를 말한다.

그러면 '철학한다'는 것은 무엇인가? 칸트는 철학을 공부하지 말고 철학함을 공부하라고 했다. 철학에 대한 지식을 공부하는 것보다 철학자들처럼 '생각'하는 것이 중요하다고 강조한 것이다. 이지성 작가는 《리딩으로 리드하라》에서 철학의 본질을 사랑이라고 했다. 사랑에는 여러 가지가 있지만, 철학에서 말하는 본질적 사랑은 '인간에 대한 사랑'이다.

사람을 생각하고 사람을 사랑하고 사람을 위한 정치를 하는 군주가 철인 군주다. 우리나라의 대표적인 철인 군주로 정조와 세종을 꼽을 수 있다. 두 사람은 우리나라를 세계사에서 전무후무한 최고의 나라로 만들었다.

'생생지락(生生之樂)'. 살맛 나는 세상, 사는 것이 너무 신나는 세상, 사는 재미가 있는 세상을 꿈꾸며 눈이 잘 보이지 않을 때까지 책을 읽었고 관료들과 토론과 질문을 하며 밤을 새웠던 세종대왕 같은 임금이 '사람을 사랑하는 왕'인 철인 군주다. 배우 한석규가 〈뿌리 깊은 나무〉에서 연기한 세종은 지금도 내 가슴을 강타할 정도로 강렬한 인상으로 남아 있다. 세종은 백성에 대한 절절한 사랑으로 뭉친 어질고 철학적 신념이 강한 왕이었다. 작품이 없을 때는 하루에 한 권꼴로 독서를 한다는 국민배우 한석규 씨는 이런 세종의 마음을 짐작하면서 연기하지 않았을까?

"아이들에게 더 나은 세상을 물려주고 싶습니다"

30대의 젊은 나이에 페이스북으로 세계 5대 부자에 든 창업가 마크 저커버그는 첫딸 맥스의 탄생을 기념해서 자신의 페이스북 보유 지분 99퍼센트인 약 52조 원의 기부를 약속했다. '졸부의 돈 자랑인가?'라는 생각도 잠시, 그 이유에 대해 듣고 나서 나의 작은 생각을 반성했다.

"우리 아이들이 자라나는 세상은 지금보다 더 나은 세상이 되었으면 합니다."

자녀에게 돈보다 '더 나은 세상'을 물려주고 싶다니, 얼마나 위대한 유산인지 짐작하기 어렵다. 마크 저커버그가 이타적인 삶을 살 수 있도록 영향을 준 사람은 아내 프리실라 챈이다. 경영 세습을 위해 편법도 마다하지 않는 기업들과는 확실히 차별된 삶이다.

마크 저커버그의 취미는 인문 고전을 라틴어, 그리스어 원전으로 읽는 것이다. 앞에서 이야기한 위대한 철학자의 생각은 오늘날 거대한 부를 만드는 기업가를 만들었고, 위대한 기부를 낳았다. 마크 저커버그의 기부 멘토 격인 빌 게이츠는 1년에 2주일 동안 통나무집에서 인문 고전을 읽는 '생각 주간(Think Week)'을 가지며 지금까지 약 50조 원을 기부했다. 그의 기부 친구인 워런 버핏은 하루에 6시간을 기업보고서, 인문학, 경영, 경제에 대한 책을 읽고, 약 54조 원을 기부했다. 세계 어느 국제기구도 해결하지 못한 아프리카 기아 문제를 해결한 것이 빌 게이츠와 워런 버핏 두 기업가다.

사랑을 구현하고 생각을 얹을 수 있는 사람이 필요하다

철인 기업가란 무엇인가? 사람에 대한 사랑을 사업으로 구현하는 사람이다. 사회적 기업가를 뜻하는 것이 아니다. 당연히 이윤을 추구해야 한다. 고객이 지불한 비용 이상의 가치를 구현해야 이윤이 생긴다. 고객 가치를 구현하려면 사람의 본질에 대해 치열한 공부가 필요하다. 이는 인류가 문명을 구축한 이래 끊임없이 공부한 것이고, 이를 인문학이라고 한다.

우리는 필연적으로 누군가의 생각 위에 자신의 생각을 얹는다. 다만 그 뿌리를 아는 사람은 뿌리부터 바꿀 수 있고, 뿌리를 모르는 사람은 다른 사람에게 '생각당하게' 된다. 고객들이 가진 생각의 뿌리를 공부해서 이를 가치로 구현해내는 사업을 만드는 것, 이것이 철인 사업가의 일이다.

세상은 인구수만큼 생각과 뿌리를 가지고 있다. 이렇게 다원화된 세상에서 가장 중요한 것은 '나를 알기 위한 공부'를 하는 일이다. 나는 어떻게 살아야 하는가? 어떤 일이 나에게 가장 의미 있는 것인가를 끊임없이 질문하고 답하는 과정이 필요하다. 그 기반에 사랑의 인문학이 있다면, 그 사람은 일시적인 실패는 있어도 망하지 않는다. 성공을 기원해주는 사람이 많을수록 더욱 성공하는 법이기 때문이다. 돈의 눈물을 아는 사업가, 세상의 눈물을 아는 사업가가 지금 우리나라에는 절실히 필요하다.

내가 아는 한, 우리나라에서 진정으로 인문학을 실천하는 사람은 이지성 작가다. 인문학적 깊이가 있으면서 끊임없는 자기계발을 통해 문심혜두(文心慧寶, 글의 속뜻과 지혜의 구멍)를 열고 그것을 삶에서 실천하는 모습은 우리나라에 내린 축복과도 같다. 본인이 도심 속 빈민의 삶을 살았으면서도 성공하고 나서 미래의 희망이 없는 나라에 학교를 지어주고 탈북자를 위한 사업을 하는 그의 삶을 가슴 깊이 존경한다.

그러나 한편으로는 아쉬운 생각도 든다. 이지성 작가가 사업가였으면 어땠을까? 많은 일자리를 창출하고, 많은 사람을 살릴 수 있는 사업 시스템을 만들어주었으면 어땠을까? 이런 아쉬움이 남는 것도 사실이다.

인문 연구소로 사업을 꿈꾸며

이지성 작가의 《생각하는 인문학》을 읽고 우리나라에 진정한 인문학을 교육해야겠다는 생각에 가슴이 뜨거워졌다. 《논어》나 플라톤을 한 번도 읽어보지 않은 나와 아내는 '봄들애 인문교육 연구소'를 창업했다. 주위에서 모두 만류했다. 내 롤 모델이자 존경하는 스승이신 강규형 대표께서 인문학은 아직 시기상조라며 조언할 정도였다.

그럼에도 부모님과 아이들에게 생각하는 인문학을 가르쳐서 생각의 주체로 만드는 교육이 필요하다고 생각했다. 한 분이 이런 교육이 꼭 필요하다며 3,000만 원의 종잣돈을 무이자로 빌려주셨고, 나라에서 소상공인 지원 대출을 받아 연구소를 마련했다. 하지만 따뜻한 마음만으로는 월 200만 원의 유지비를 감당하기가 어려웠다. 무모했다. 마이너스 통장이 950만 원이 되고, 인테리어 가구를 사느라 한도가 꽉 찬 500만 원의 카드 값이 돌아왔다. 통장 잔고와 카드 값 문자를 아내에게 보여줄 때 세상을 다 잃은 듯한 내 표정이 어떻게 비쳐졌을까? 정말 다시 생각하고 싶지 않은 순간이다.

그 간절함에 교육과정을 더욱 업그레이드했고, 더욱 간절하게 강연에 매진하고 더 간절하게 책을 읽고 공부했다. 하나님께서 도와주지 않았다면 절대 극복할 수 없었던 기적 같은 과정들을 거치며 지금은 어엿하게 인천 송도에 자리를 잡았다. 하루하루 출근이 즐겁고 사랑하는 제자들과 그 부모들을 만나는 것이 마냥 즐거운 하루하루를 보내고 있다.

우리 덕분에 인생이 변했다며 찾아오시는 분들을 만나는 것이 얼마나 보람되고 의미 있는지 느껴본 사람만이 알 수 있다. 이제 이 교육을 우리나라를 넘어 세계에 퍼트린다는 목표를 가지고 오늘도 치열하게 공부하고 있다. 우리의 교육이 만들어갈 많은 가정의 행복과 그 안에서 만들어질 많은 일자리를 생각하면 더욱 마음이 부풀어 오른다.

인문학 안에서 사랑을 발견하고 삶에서 사랑을 실천하며 끊임없이 가치와 부를 창출하는 기업가가 많아진다면 어떨까? 술에 인문학을 넣어서 와인을 만들고 옷에 인문학을 넣어서 패션을 만든 프랑스처럼, 우리나라의 경쟁력이 막강해지지 않을까? 경제는 '경세제민(經世濟民)'의 준말이다. '세상을 다스리고 백성을 구제한다'는 뜻이다.

우선 먹고사는 문제에서 자유로워진 우리나라 사람들은 특유의 따뜻한 국민성으로 세계를 감동시키지 않을까? 방탄소년단이 세계를 휩쓸듯 해외에서 우리나라를 본받고 연구하기 위해 물밀듯이 밀려오지 않을까? 세상에 본이 되는 민족과 나라가 되면 어떨까? 그 시발점에 철인 기업가가 필요하다고 생각한다. 생각의 힘이 강한 기업가, 착한 기업가, 따뜻한 기업가, 유능한 기업가, 존경받는 기업가⋯⋯. 우리나라에 인문학적 사랑을 가지고 사업을 펼쳐나가는 기업가가 넘쳐나기를 소망한다.

한국에서는
금지된 인문학

질문이 사라진 학교, 말수가 줄어드는 아이들

"강사님이 말씀하시는 교육이 중요한 건 알겠는데, 현실적으로 국영수를 준비해야 하잖아요."

강연 후 가장 많이 듣는 피드백 중 하나다. 5학년이 되면 아이들이 슬슬 변하기 시작한다. 아이의 말수가 점점 줄어든다. 저학년 때 '엉뚱발랄' 귀여운 아이들도 5학년부터는 슬슬 학교 시스템에 확실히 적응하지 않으면 눈총을 받는다. 중학교 때는 질문이 아예 사라진다. 고등학생은 입시지옥에 시달리며, 공부가 싫어서 실업계에 간 아이들은 바닥을 친 자존감과 사투를 벌여야 한다.

이런 상황에서 선행학습이라는 철로 위에 놓이면 지옥행 급행열차를 타게 된다. 이 모든 과정이 세 살부터 시작된다. 심지어 세 살부터 시작해도 늦다고 말하는 사람도 있다. 치열한 입시 경쟁에 부모들은 자녀를 조금 더 앞자리에 앉히고 싶어 한다. 왜 공부해야 하는지 스스로 질문을 던지지 못한 채 '생각당하며' 힘들게 대학에 입학해서 또 배신당한다. 바로 취업의 관문 앞에서다.

낮은 취업률, 강화된 경쟁을 통해 더욱 극심한 취업 전선에 던져진 청년들은 취업 스펙 쌓기에 여념이 없다. 그나마 부모님이 하루하루 감시하는 일은 없어졌지만 스스로 선택해서 뛰어든다. 그렇게 힘들게 취업을 해도 끝이 아니다. 그렇게 바라던 회사는 평생 직업을 보장해주지 않는다. 일을 위해 삶을 버렸던, '나 때는 말이야~'라는 말을 입버릇처럼 하는 꼰대들이 기다리고 있다. 자신의 진로 적성을 찾아 좋아하고 잘하는 일을 하는 소수의 사람들을 제외하고는 하기 싫고 적성에도 맞지 않는 일을 한다. 심지어 자신들과 아예 다른 시대를 살아온 상사들의 텃세를 견디며 하루하루를 보낸다. 이런 상황에서 무슨 생각이며, 인문학이며, 꿈이며, 자기계발을 할 수 있을까?

스케일이 다른 꿈을 꾸게 하라

우리 교육의 뿌리가 일제의 식민 교육이라는 것을 아는 부모가 몇이나 있을까? 그걸 알면서도 어쩔 수 없이 그 교육에 아이들을 맡긴다. 마음에는 파랗게 멍이 든다. 중·고등학생들에게 성공에 꼭 필요한 교육을 한 적이 있다. 스스로 시간 관리, 목표 관리, 독서를 하게 만들고 본인의 꿈에 맞는 책을 읽게 하였다. 아이들은 스스로 생각이 깨어나서, 책을 학교까지 가지고 가서 읽게 되었다. 그런데 학교에서 친구들에게 들은 말은 실로 충격적이었다.

"책 읽지 말고 공부나 해라."

대체 자신의 꿈을 위해 책을 읽는 것보다 더 중요한 공부가 무엇일까?

그냥 '건축가'가 꿈인 아이와 '가우디처럼 세계 건축사에 한 획을 긋는 존경받는 건축가'가 되는 것이 꿈인 아이는 꿈의 스케일부터 다른 것이다. 꿈의 크기는 삶의 크기와 같다. 꿈만 꾸는 몽상가를 말하는 것이 아니다. 인문 고전에 길이 빛나는 사람들의 삶을 통해 자기 삶에 진지한 질문을 던지며 꿈을 좇는 아이들이 탄생한다는 이야기다. 남들이 알려준 꿈이 아니라 자기 삶에 자신의 꿈을 얹어낼 수 있는 아이들로 자라는 것이다. 삶의 방향을 잡아가는 가장 중요한 공부가 독서인데, 왜 국영수만 공부라고 생각하는 것일까?

최근에 아이를 인문학으로 교육하는 분을 만났다. 사막에서 오아시스를 만난 것같이 기뻤지만, 다른 사람들에게는 비밀로 하고 있다고 한다. 고등학생이 된 아이에게 인문학을 가르친다고 하면 주변에서 이상한 사람 취급을 한다는 것이다. 사람의 행복은 사람으로부터 온다. 인문학을 공부하는 사람을 이상하게 바라보는 사람들 속에서 흔들리지 않고 꿋꿋하게 자신의 소신을 밀고 나갈 수 있는 부모가 몇이나 있을까? 심지어 공부가 중요하지 않은 것을 알지만 아이의 자존감을 위해 국영수 학원에 보낸다는 부모도 있었는데, 그 마음을 충분히 이해할 수 있었다.

2,500년 전에 나온 자기계발서를 읽다

우리가 학교에서 만난 인문학은 어떤 모습일까? 소크라테스부터 이마누엘 칸트, 데이비드 흄, 프랜시스 베이컨, 공자, 맹자, 순자……. 얼마나 중요하고 위대한지 생각해볼 겨를도 없이 시험에 나올 인물과 사상을 달달 외웠다. 《논어》에 나오는 문장 하나 외워본 적 없어도 공자의 '인의예지(仁意禮智)'는 중요하다고 배웠다.

대체 '무슨 소리인지 모르는 내용'을 외워서 시험을 본다고 본인의 생각 주머니가 커지고 사고의 영역이 확장될까? 아니다. 학교에서 배운 인문학에 대한 기억은 단지 '어렵다', '쓸데없다'라는 것뿐이었다. 유교사상을 듣고는 '지배층이 이런 거나 공부하고 있었으니 조선이 망한 거구나'라고 생각할 뿐이었다. 실생활에 유용한 것을 공부해야겠다고 생각하며 지금 쓰이지도 않는 미분과 적분을 열심히 풀고 있었다.

다시 학생 시절로 돌아간다면, 인문 고전의 바다에 빠져서 나의 뇌를 천재들의 생각과 접속시켰을 것이다. 식민 교육, 프로이센 교육, 독재 교육, 주입식 교육에 찌든 나의 뇌를 공자, 플라톤, 칸트의 위대한 생각으로 희석시켜서 위대한 생각을 해내도록 했을 것이다.

인문 고전은 그냥 읽어서는 안 된다. 자기계발서처럼 읽어야 한다. 《논어》는 2,300년 전에 나온 자기계발서다. 공자는 성공하기 위해, 사람답게 살기 위한 삶의 방향을 《논어》에 제시해놓았고(물론 책은 그의 제자들이 썼지만) 2,500년 동안 동양사상을 지배했다. 인간의 본질에 대한 놀라운 탐구가 녹아 있는 《논어》에서 공자가 말한 대로 살 수 있다면 성공하지 못할 사람이 없을 것이다. 끊임없이 내 삶을 《논어》와 비교하며 내 생각을 성장시키는 것이 중요하다. 회사를 다닌다면 군주는 사장으로, 신하를 사원으로, 교회를 다닌다면 제사를 예배로 바꾸면 된다. 핵심은 1,000년에 한 번 나올까 말까 한 천재의 생각을 자기 삶에 대입해 실천하여 살아 있는 본인의 생각을 키우는 것이다.

사람의 잠재력을 이끌어내는 인문학

생각의 크기가 삶의 크기다. 생각하면서 행동하고 행동하면서 생각하는 삶을 사는 창업가가 되어야 한다. 3,000개 가맹점을 염두에 두고 사업하는 사람과 3개 가맹점을 염두에 두고 사업하는 사람은 생각의 크기가 다르다. 사장을 가르치는 사장 김승호 회장은 하나의 매장을 운영할 때도 3,000개의 매장을 운영한다는 생각으로 했기에 지금 연간 1조 원의 매출을 올리는 스노우폭스를 만들 수 있었다.

김승호 회장은 생각의 크기를 어떻게 키울 수 있었을까? 그는 고등학교 시절 우연히 바닥에 떨어진 삼중당 문고를 주웠다. 별 생각 없이 책상 위에 올려놨는데 우연히 그 책을 본 선생님이 삼중당 문고를 200권 추천하며 고등학교 때까지 읽어보라고 권유했다. 처음으로 누군가에게 관심을 받게 된 김승호 회장은 고등학교를 졸업했을 때 약속대로 200권의 책을 다 읽었다. 그뿐 아니라 대학교 도서관에 있는 모든 인문학 책을 다 읽었다.

인문 고전을 한 권 읽는 것은 하나의 인생을 읽는 것과 같다. 그가 일곱 번 사업에 실패하고 여덟 번째에 굴지의 회사를 일으킬 수 있었던 저력에는 수백 명의 위대한 인생들이 그의 뇌를 격동시켰기 때문이 아닐까? 김승호 회장에게는 같은 제품이라도 진열하는 방법에 따라 매출을 200~300퍼센트 올리는 특별한 능력이 있다고 한다. 어떤 제품은 큰 통에 넣어서 진열하고, 어떤 제품은 하나하나 예뻐 보이게 진열하고, 제품의 특성과 사는 사람의 취향과 동선에 따라 제품을 진열하는 것이다. 이 능력은 어떻게 생긴 것일까? 사람에 대한 이해가 있기 때문이다. 사람에 대한 이해는 어떻게 공부해야 할까? 바로 인문학에 답이 있다. 인문 고전을 읽고 사람의 본성과 뿌리에 대해 치열하게 고민하고 생각하는 것이 사람에 대한 이해를 높이는 방법이다. 김승호 회장이 자주 봤던 인문 고전은 《노자》였다고 한다.

우리나라 교육에서 인문 고전을 부활시켜야 한다. 시대정신이자 지역의 양심인 인문학자들(훈장)을 되살려야 한다. 내가 가장 존경하는 스승인 이인희 선생님은 2019년 최고의 교사상을 받고 상금 1,000만 원을 모두 월드비전에 기부했다. 이인희 선생님은 이랜드에서 회사원으로 근무할 때 인문 고전의 정수인 《성경》을 가지고 매일 묵상하는 습관을 들였다. 사람에 대한 사랑이 가득한 학문이 다시 부활해야 한다. 찬란한 한국, 헬 조선이 아닌 헤븐(heaven) 조선으로 가는 길목에 인문학이 있다. 인문학의 부활로 세상을 향해 뜨거운 마음으로 나아갈 대한민국의 기업가들이 해마다 가득해지길 바란다.

창업 기술보다
중요한 창업 역량

창업의 현실은 냉엄하다

코딩, 웹 디자인, CAD 등 창업을 위한 강좌가 넘쳐난다. 창업을 위한 기술을 배운다고 해서 사업에 성공할 수 있을까? 창업을 위한 원천 기술도 중요하지만, 사업을 성공시키기 위한 능력을 키우는 것이 더욱 중요하다. 최고의 기술을 가지고 호기로운 마음으로 창업을 했지만, 고객이 오지 않아 망하는 경우가 허다하다. 음식점을 하더라도 맛과 서비스는 기본이고, 입지 조건, 인테리어, 마케팅도 잘 되어 있어야 사업을 본 궤도에 올릴 수 있다.

사업이란 안정적으로 수익을 내다가도 직원이 갑자기 새 업체를 차리면서 고객을 빼가기도 하고 대중매체에 사업과 관련된 악재 뉴스가 나오는 날이면 바로 그날로 매출에 타격을 입고 휘청거리거나 정도가 심하면 폐업도 고려해야 한다.

그런가 하면 상권 분석을 잘하고, 서비스 정신도 제대로 갖추고, 종업원 교육 잘해서 사업을 궤도에 올려놓고 한숨 놓으려는 순간 맞은편에 동종 업종이 새로 오픈해서 원치 않은 생존 경쟁을 해야 할 때도 있다.

한 해 새로 창업하는 카페는 1만 4,000개이고 폐업하는 카페는 9,000개라고 한다. 문 닫는 카페도 많고, 새로 오픈한 카페도 그만큼 많다. 수많은 커피 전문점이 문을 닫거나 사장 월급도 못 가져가는 마당에 스타벅스에는 왜 늘 사람들이 바글바글할까? 동네에 커피숍이 얼마나 있든, 새로운 카페가 얼마나 생기든 상관없이 스타벅스는 늘 고객들로 넘친다. 커피 값이 싼 것도 아니고 자리 잡기도 어려운데 어째서 그럴까?

스타벅스는 오로지 한국에서 직영점만 1,000개가 넘는다. 이런 스타벅스도 한때 부도가 날 뻔했다. 역량을 갖춘 창업자 하워드 슐츠가 경영에 복귀하면서 지금의 스타벅스의 아성이 완성되었다. 하워드 슐츠는 매일 새벽 4시에 일어나서 아내를 위한 커피를 추출하는 로맨티스트이며, 자기계발의 달인이기도 하다. 우리나라 최초의 지식 경영 바리스타 조성민 대표는 2,800잔 이상을 마신 손님을 보유한 대전의 카페 명가 카페 허밍을 창업했다. 지금도 끊임없이 마케팅, 경영 등 많은 부분을 공부하며 많은 사람들에게 카페 경영에 대한 컨설팅을 해주고 있다.

창업가로 성공하려면 창업 역량이 필요하다

사업을 성공적으로 이끌기 위해서는 사람을 대하는 역량, 상권을 보는 역량, 협상 역량, 경제 분석 역량, 마케팅 역량, 사업 시스템 설계 역량 등 사업과 직접 관련된 역량에 더해 문제 해결 능력, 성실성, 신뢰성, 시간 관리, 목표 관리, 기록 관리 등의 자기 관리 역량이 필요하다. 자신의 수많은 역량을 종합해서 고객을 위한 하나의 가치를 위해 하루하루를 간절함으로 자신의 강점을 현장에 녹여내야 한다. 사업에 성공해서 이익이 날 때의 기쁨은 이루 말할 수 없다. 결과에 온전히 책임을 지는 위치에 있는 만큼 사업가는 자신의 역량을 끊임없이 갈고닦아야 한다.

창업 역량이 있다면 단순히 창업만 잘하는 것이 아니다. 취업에도 강한 차별점을 가지고 있다. 기업에서 중요한 것은 성과다. 직원은 자신의 성과로 회사와 거래한다. 한 성과 전문가는 직장인들이 성과를 높이기 위해서 목숨을 걸어야 한다고 이야기한다. 하루하루 그야말로 성과에 목숨 걸고 일해야 하는 사람이 바로 창업가다. 성과를 높이는 역량이 충분한 창업가라면 회사의 성과를 책임지는 핵심 인재가 되고 사람들의 마음까지 얻어서 나중에 본인이 창업할 때 동료를 인맥으로 만들어낸다.

요즘 기업에서 트렌드가 되고 있는 애자일(Agile) 시스템에서는 프로젝트를 진행할 때 성과를 내기까지 모든 과정을 진행할 수 있는 인재가 각광받고 있다. 신입 사원인데도 프로젝트에 대한 이해도가 높고 성과를 위한 실전에 바로 투입할 수 있는 사람들도 많아졌다.

4차 산업혁명으로 인해 전문 지식의 격차는 점차 줄어들고, 모든 사람들이 전문 지식을 몇 번의 검색으로 쉽게 구할 수 있다.

자기 분야의 지식만 알고, 협력하는 다른 부서를 무시하는 전문 바보는 점점 입지가 줄어들고 있다. 애자일 시스템에서 좋은 성과를 낸 팀은 회사가 투자해서 독립을 시킨다. 회사원에서 창업가가 된 사람들은 절실함으로 더욱 성과에 매진하고 더 큰 열매를 맛보게 된다.

성공이란 결과가 아니라 과정이다. 성공한 창업가가 되고자 한다면, 철저한 훈련과 연습을 통해 역량을 갖춰야 한다. 이론가보다는 실천가적인 삶을 살아야 한다. 성공한 창업가가 보냈던 하루와 같은 하루를 보내야 한다. 빌 게이츠는 남의 좋은 습관을 자신의 것으로 만드는 것이 가장 좋다고 이야기했다. 좋은 습관들은 한 사람의 역량을 형성하는 데 아주 중요한 역할을 한다.

미국 대학 농구의 전설 존 우든 감독은 근면과 열정이라는 주춧돌 위에 성공할 수 있는 역량의 피라미드를 쌓아야 한다고 했다. 사업의 성공도 스포츠의 성공과 같다. 최고의 컨디션을 유지하기 위해 자신을 관리하고 끊임없는 습관을 통해 기본기를 연습한다. 그러면 성공은 자연스럽게 따라올 것이다. 심지어 운을 만들어내고 끌어오는 사람이 될 수 있다.

빌 게이츠는 아침마다 거울을 보며 "오늘도 나에게 찾아오는 어마어마한 행운을 기꺼이 받아들일 것이다. 나는 그 행운에 압도당할 것이다"라고 말했다. 빌 게이츠의 인생을 보면 정말 행운이 그에게 끊임없이 빨려 들어가는 것 같다. 무의식까지 행운으로 도배되어 있는 듯이 보인다. 누구에게나 똑같은 24시간이 주어지고 좋은 일도 나쁜 일도 두루 생기는 것 같지만, 훈련이 되어 있는 사람은 나쁜 일마저 행운으로 만들어버리는 것을 자주 발견할 수 있다. 하지만 그러한 능력도 평소에 꾸준히 자신의 태도를 연마한 사람에게 주어진다.

성공한 창업가의 삶을 연습하라

경영학과를 졸업했다고 해서 경영을 잘하는 것이 아니다. 경영학과를 졸업하는 것과 회사를 경영하는 것은 다른 이야기다. 토익만점을 받는다고 해서 해외 바이어에게 오더를 따낼 수 있는 역량까지 갖춰지는 것이 아니다. 성공한 사업가가 되기 위해 모든 것에 만능이 될 필요는 없다. 성공한 투자가인 팀 페리스는 미국에서 성공한 사람들을 인터뷰한 결과 그들이 알고 보면 결점투성이라는 것을 발견했다. 그러나 그들에게는 탁월한 습관이 있었다. 팀 페리스가 성공한 사람들의 탁월한 습관과 그 습관을 만드는 방법을 정리한 것이 베스트셀러 《타이탄의 도구들》이다. 이 책은 세계의 많은 사람들의 인생을 바꾸어놓았다.

결점투성이인 나를 포함해 누구나 성공한 사업가가 될 수 있다. 창업가가 되기 위한 기술도 중요하지만, 창업가가 되기 위한 역량을 기르는 습관이 더 중요하다. 많은 사람들이 워런 버핏처럼 돈을 벌고 싶어 하지만, 워런 버핏처럼 살려고 하지는 않는다. 그가 어떤 생각을 하는지, 어떤 습관을 가지고 있는지, 어떤 가치관을 지니고 있는지 고민하지 않는다. 그저 남의 이야기라고 생각한다. 워런 버핏이 가진 습관과 가치관대로 하루하루 열정을 다한다면, 어느 날 당신도 워런 버핏과 같은 성공을 거머쥐게 될 것이다.

성공한 사람들의 삶을 연습하라. 책이나 영상을 보고 끝내라는 것이 아니다. 철저하게 자신의 삶과 비교해보고 본인의 삶에서 변화시켜야 하는 부분을 찾아서 실행하면 된다. 그렇게 하루가 쌓이고 이틀이 쌓이고, 일주일, 한 달, 1년, 10년이 쌓이면 그것은 넘지 못할 산과 같은 어마어마한 차이를 낳게 된다.

한국에 불어닥쳐야 할 열풍
앙트레프레너십

나라의 부를 결정하는 앙트레프레너

왜 어떤 나라는 성장하고 어떤 나라는 가난해지는가? 그것은 앙트레프레너십(Entrepreneurship)이 있느냐 없느냐의 차이다. 앙트레프레너는 '기업가'라는 뜻이다. 기업가라고 하면 단순히 '기업을 경영하는 사람'이라고 생각하기 쉽다. 하지만 앙트레프레너는 단순히 기업가라고 하기에는 더 크고 중요한 의미를 담고 있다.

경제학자 조지프 슘페터는 금융 위기, 저성장, 실업, 대공황이라는 자본주의의 실패에 대한 대응책으로 혁신가인 앙트레프레너를 이야기했다. 앙트레프레너는 혁신을 통해 기존 질서를 파괴하고 새로운 가치를 창조하는 사람을 뜻한다. 석유 같은 천연자원이 샘솟는 나라가 아니라면, 한 나라의 부의 수준은 '얼마나 많은 앙트레프레너를 가지고 있느냐'로 가늠할 수 있다는 것이다.

대항해시대의 문을 연 앙트레프레너들

시대를 변화시킨 앙트레프레너 하면 누가 떠오르는가? 미국의 개척자 정신의 뿌리가 된 앙트레프레너는 크리스토퍼 콜럼버스다. 콜럼버스는 경제적인 이익을 목적으로 아메리카 대륙을 발견했고, 곧 새로운 시장을 개척했다. 콜럼버스라는 한 명의 앙트레프레너로 인해 대항해시대가 열렸다.

대항해시대라는 혁신은 연쇄적으로 많은 앙트레프레너들을 만들었다. 그들은 사업 계획을 가지고 사업 설명회를 하고 투자자를 찾아 곧바로 사업을 실행했다. 한 귀족 가문은 값비싼 인도의 향신료를 얻기 위한 한 번의 항해를 위해 가문의 명운이 걸린 큰돈을 길게는 3년 가까이 투자했다. 성공하면 가문의 위상이 바뀔 정도로 막대한 부가 창출되었지만 괴혈병, 선원의 반란, 해적, 거래하는 현지인과의 문제, 태풍 등 높은 위험을 감수해야 했다.

앙트레프레너가 수많은 위험을 뚫고 겨우 성공한다 해도 무역으로 남은 이익을 투자자들에게 돌려주고 나면 다시 항해하기 위해 투자자를 구하러 다녀야 했다. 배가 무역에서 돌아올 때마다 한 가문은 재벌이 되었고, 배가 난파될 때마다 한 가문은 몰락했다.

앙트레프레너의 수가 부강한 국가의 기준이다

네덜란드는 이때 최초의 유한책임회사인 동인도회사를 만들었다. 투자한 사람들은 항해가 실패한다 해도 투자한 돈만 날릴 뿐 그에 대한 손실은 책임지지 않아도 되었다. 손실은 모두 회사가 떠안았다. 대신 사업에서 생긴 이익은 다시 항해에 투자했고 배는 끊임없이 출항했다.

다른 나라가 항해와 투자 손실에 대한 위험으로 주춤할 때, 네덜란드는 위험을 기꺼이 무릅쓰는 시스템으로 앙트레프레너들을 폭발적으로 양산했다. 아시아로 떠나는 선박의 절반이 네덜란드 선박이었다. 수많은 앙트레프레너들이 네덜란드로 몰려들었고, 수많은 사람들의 삶을 바꾸었으며, 수많은 사람들을 부유하게 만들었다. 네덜란드는 최고의 강대국이 되었다.

20세기 식민지에 불과했던 미국이 지금 세계 최고의 강대국이 된 이유는 바로 앙트레프레너들 덕분이다. 미국에는 신분제가 없었다. 이민자들이 세운 나라 미국은 자유로운 도전과 모험이 삶의 방식이었다. 철도왕 코닐리어스 밴더빌트, 석유왕 존 록펠러, 강철왕 앤드루 카네기, 발명왕 토머스 에디슨, 대량생산의 아버지 헨리 포드. 한 나라를 견인할 앙트레프레너들이 한 국가에서 쏟아져 나왔다.

앙트레프레너들의 혁신은 서로 시너지를 발휘해 나라에 더 큰 가치를 증대한다. 영국의 헨리 베서머는 30초 만에 철강을 제조하는 혁신을 만들었다. 선철 5톤을 가공하는 데 하루가 걸리던 것을 단 10분으로 단축했다. 너무 큰 혁신이었기에 주변 철강업체들에게 견제를 받아 타국인 독일과 미국에서 철강 기술을 통한 대량생산이 가능했다. 철도회사에서 일하던 앤드루 카네기는 강철의 중요성을 알고 미국의 제강산업에 뛰어들었고 베서머 제강법으로 귀한 강철의 가격을 혁신적으로 낮췄다. 이로 인해 미국을 관통하는 철도를 만들 수 있었다.

전국에 생긴 철도로 많은 사업이 일어났고 앙트레프레너들이 미국 전역으로 퍼져나갔다. 수많은 공장들이 미국 전역에 세워졌고, 에디슨의 전구 발명은 공장들의 생산 시간을 늘렸다. 록펠러의 석유 사업은 헨리 포드가 자동차를 일반인에게 보급할 수 있도록 생산혁명이 가능한 환경을 만들었다. 이러한 앙트레프레너들의 연쇄적인 발전이 지금까지 미국에서 이어지고 있다.

빌 게이츠는 거대 자본들만 사용할 수 있는 권력의 상징인 컴퓨터를 개인들에게 보급하는 꿈을 꾸었다. PC를 통해 개인들에게 컴퓨터가 보급되었고 이는 인터넷이라는 혁명을 만들었다. 스티브 잡스는 PC와 핸드폰을 결합한 스마트폰을 만들었고, 이를 통해 에어비앤비, 페이스북, 우버, 구글, 아마존 등의 IT 기업들이 탄생했다. 지금은 세계 10위 기업 중 대부분이 IT 기업이다.

우리 동네 앙트레프레너

세상을 바꾼 앙트레프레너도 대단하지만 내가 사는 지역의 앙트레프레너가 되어도 충분하다. 우리 동네에서 최고의 김밥집이 되면 김밥집 앞에 사람들이 줄을 서는 광경을 목격할 수 있다. 동네 최고가 되어서 부를 쌓은 사람도 상당히 많다. 문제는 동네에서 최고가 되기 위해서도 혁신이 반드시 필요하다는 것이다.

그저 옆 가게 수준의 제품과 서비스를 제공한다고 해서 동네 최고가 되지 않는다. 판을 뒤엎어야 한다. 평범한 김밥이라도 가격과 맛은 물론이고 서비스까지 최고 수준으로 갖춘다면 그 지역의 앙트레프레너가 될 수 있다. 동네 사람들은 김밥 한 줄을 통해 최고 수준의 가격, 맛, 서비스를 경험할 수 있다. 주변에 먹을 곳이 없는가? 어느 가게를 꼭 가야 하는데 불편한 점이 있는가? 문제가 있는 곳에 기회가 있다. 끊임없이 나와 경쟁하며 끊임없이 공부하고 수준을 높일 수 있는 사람은 최고가 될 수 있다. 다른 사람을 바라보면 고객이 보이고, 고객을 바라보면 시장이 보인다. 그곳에는 기회가 넘쳐난다.

중요한 것은 앙트레프레너십이다

중요한 것은 앙트레프레너십이다. 앙트레프레너십은 마인드셋이 아니다. 삶의 기술이다. 배우고 연습할 수 있다는 이야기다. 경제가 어렵다, 사람들이 이상하다, 대학을 나오지 못했다, 지식이 부족하다, 기술이 모자라다, 자본이 없다, 부모님을 잘못 만났다, 정부가 문제다, 모두 핑계일 뿐이다. 앙트레프레너십을 가진 사람은 모든 문제가 기회로 보인다. 자신을 끊임없이 성장시킨다. 많은 사람에게 가치를 제공한다. 실패할 수백 가지 이유가 있지만, 해야만 하는 한 가지 이유로 사업을 성공시킨다.

버블 경제의 붕괴로 '잃어버린 20년'의 불황을 겪은 일본에서 경영의 신 마쓰시타 고노스케는 말했다.

"호황도 좋지만 불황이면 더 좋다."

자신에게 주어진 시간을 남다르게 보낸다. 철저한 지성과 직관으로 자신을 단련하며 남다른 관점으로 세상을 바라본다. 경영학의 아버지 피터 드러커는 '앙트레프레너는 항상 변화를 추구하고 그것에 반응하며 기회를 잡는 사람'이라고 설명했다. 세계 최고 수준의 앙트레프레너십을 가진 사람들의 생각을 책으로 접하고 그 수준의 삶을 산다면 자연스럽게 동네 최고가 된다.

동네 최고가 세계 최고다. 세계 최고의 도시락 회사를 만든 김승호 회장은 말했다.

"내 경쟁사가 3,000개의 가게를 가지고 있을 때, 하나뿐인 내 가게의 시스템이 경쟁사를 이길 것이라고 생각했다. 내가 3,000개의 점포를 갖는 계약서를 쓸 때, 그 경쟁사는 매각되었다. 그리고 우리 회사가 언젠가 망하게 된다면 지금 미국 구석의 어느 한 가게로 인해 그렇게 될 것이다."

앙트레프레너들은 단순히 위험을 즐기는 모험가 성향을 가지고 있는 사람들이 아니다. 그들은 위기 상황에서 다른 사람들보다 경제적으로 올바른 판단을 하는 것에 능숙하다. 자수성가한 부자들은 대부분 앙트레프레너십을 삶의 중심에 두고 있었으며, 다른 사람들보다 위험을 다루는 능력을 극대화할 수 있었다. 이 위험을 다루는 능력을 통해 예측이 어려운 시장에서 살아남아 성공을 거머쥘 수 있었다. 그들은 오랜 시간 동안 위기를 삶의 한 부분으로, 나와 사업을 성장시킬 수 있는 기회로 받아들였기 때문이다.

앙트레프레너를 키우는 교육 시스템

앙트레프레너들을 키우기 위해 중요한 것은 창의적인 교육 시스템이다. 실수를 용인하고, 재도전할 수 있는 기회를 마련해야 한다. 좋은 대학에 들어가지 못해도, 좋은 기업에 취직하지 못해도 그것이 하나의 과정이라면, 그 안에서 충분히 자신의 씨앗을 키울 수 있다. 질문과 창의성, 협력이 죽어 있는 교육 시스템에서는 앙트레프레너들은 그저 이단에 불과하다.

한국직업능력개발원에서 발표한 2018년 우리나라 초·중·고등학생들의 희망 직업 10위 안에 기업가는 없다. 중국 학생들은 31퍼센트가 기업가를 꿈꾸고 경영자 및 관리직을 원하는 학생들은 27퍼센트였다. 회계 컨설팅 네트워크에서 발표한 2016~2050년 잠재적 GDP 성장률 부동의 1위는 중국이다.

아이들이 꿈꾸는 미래가 나라의 미래다. 우리나라에 주입식 교육을 심어놓은 일본의 희망 직업 1위는 공무원이다. 우리의 의식 혁명이 필요하다. 앙트레프레너들이 꿈을 마음껏 펼칠 수 있는 우리나라, 아이들의 꿈이 5대양 6대주를 누비는 대한민국이 되기를 오늘도 간절히 바란다.

창업가는 아무도 바라보지 않는 것에
질문을 던지는 사람

좋은 해답이 아니라 좋은 질문을 던진다

삶은 정답이 없는 것에 대해 자기만의 해답을 찾아가는 여정이다. 세상을 향해 물음표를 던지고, 그 물음표를 해결하기 위해 하나하나 지식과 지혜를 쌓고 훈련하여 느낌표를 얻는 과정이다. 이 과정에서 많은 사람의 삶을 부유한 곳으로 이끌어줄 수 있는 질문을 던져 시스템을 만든다면 그 사람은 창업가가 될 수 있다. 사업을 하며 느끼는 건 얼마나 좋은 질문을 던지느냐가 문제를 해결하는 데 아주 유용하다는 것이다.

'어떻게 하면 고객을 찾을 수 있을까?'라고 질문을 던진 사람은 영업을 생각하지만, '어떻게 하면 고객이 이곳을 찾아오게 할 수 있을까?'라고 질문을 던진 사람은 마케팅을 생각하는 것이다. 영업보다 마케팅이 더 중요하다는 것이 아니다. 영업을 하려면 마케팅을 알아야 하고, 영업을 할 줄 알아야 마케팅이 성과라는 빛을 더 발휘할 수 있다.

CEO는 성과를 책임지는 사람

결국 성과라는 질문 한 가지로 사업 한가운데를 차지하는 사람이 CEO다. 성과를 숙명으로 하루하루 부딪히는 것이 창업가의 삶이다. 회사가 성과를 내거나 혹은 내지 못하는 데는 여러 가지 이유가 있지만, 사장은 그 성과에 대해 오롯이 책임을 지는 사람이다. 회사의 좋은 문화, 회사가 만들어내는 창조적인 제품이나 서비스, 회사가 나눌 수 있는 사회를 향한 기부도 좋지만, 성과 없이는 회사가 존속할 수 없다. 치열한 성과를 향한 도전은 치열한 질문으로 이어지고 많은 질문에 대한 답을 모으고 실행해서 창업이라는 결과물을 만들어낸다.

사업가는 타인이 가지고 있는 문제 혹은 작은 불편에서 출발해 질문을 던진다. 더 좋은 방법은 없을까? 더 맛있게, 더 편하게, 더 쉽게, 더 재미있게, 더 세련되게, 더 친절하게 할 수 있는 방법은 없을까? 이것을 고객에게 전달하기 위해 어떤 디자인이 필요할까? 어떤 기업 문화를 만들면 좋을까? 사회를 위한 공헌 활동은 어떤 것을 하면 좋을까? 그렇게 찾은 해답들을 하나하나 모아서 실현하는 과정이 사업이다.

창업 국가=질문 국가

세계에서 창업이 가장 활발하게 일어나는 나라는 바로 이스라엘이다. 같은 기간 유럽 국가 전체에서 창업하는 개수와 이스라엘에서 창업하는 개수가 같을 정도다. 1인당 창업 비율이 전 세계에서 가장 높다. 당돌함과 뻔뻔함을 상징하는 '후츠파' 정신, 연구개발 정책 중심의 국가 지원, 4차 산업혁명에 맞는 소프트웨어 중심의 컴퓨터 과학 교육, 남녀 모두 의무적인 군 복무로 군대에서 리더십과 팀워크 훈련을 받는 등 많은 이유가 있다. 하지만 본질적으로 중요한 것은 두 가지다.

첫 번째로 꼽을 요소는 질문하는 문화다. 유대인 특유의 문화인 하브루타는 유대인에게 질문하는 능력을 훈련시켰다. 부모가 자녀에게 하는 말의 70퍼센트가 질문이라고 하니, 주로 지시와 명령을 하는 우리나라와 대비된다.

우리나라도 질문이 살아 있었던 시절이 있었다. 바로 철인 군주 세종대왕 시기였다. 《조선왕조실록》에 따르면 세종대왕이 가장 많이 한 말이 "경의 생각은 어떠시오?"라고 한다. 놀랍게도 유대인이 가장 많이 하는 질문이 "마따호셰프?"다. '너의 생각은 무엇이냐?'는 뜻이다. 찬란했던 세종 시대와 찬란한 유대인의 성공이 겹쳐지는 이유는 바로 그 질문에 있다.

타인을 생각하는 마음 '티쿤 올람'

질문하는 문화 다음으로 꼽을 수 있는 특징은 타인을 생각하는 마음이다. 유대인들에게 "당신이 사는 이유는 무엇입니까?"라고 물어보면 거의 고민하지 않고 '티쿤 올람(Tikkun Olam)'이라고 이야기한다. 티쿤은 '고친다'는 뜻이고 올람은 '세상'이라는 뜻이다. 좀 더 좋은 세상으로 만들기 위해 내가 존재한다는 의미다.

우리나라 사람들 중 자신의 사명을 알고 있는 사람이 몇 명이나 있을까? "왜 사냐고 묻거든 그저 웃지요"라고 대답하지 않을까? 열심히 살면서도 꿈이 없는 우리나라와 크게 대조되는 부분이다.

강연 중에 어떻게 하면 좋은 질문을 할 수 있냐는 질문을 받을 때가 많다. 내 답은 한결같다.

"많이 하면 됩니다."

양질전환의 법칙이 있다. 절대적인 양이 쌓이면 절대적으로 질이 높아진다는 것이다. 질문의 수준이 높아지기 위해서는 어느 정도 질문의 양이 차야 한다. '호기심과 질문이 문화의 시작'이라는 유대인들의 수많은 질문의 방향은 어디로 향할까? 세상, 즉 타인에게 향할 것이다. 질문의 방향이 타인에게 향할 때 사업이 만들어진다. 자신의 업무, 성과, 문제에만 몰두해서 질문을 던지는 것도 나쁘지 않다(질문 없이 사는 사람이 더 많을 것이다). 하지만 다른 사람들이 아무도 바라보고 있지 않은 곳, 혹은 너무나도 당연하게 여기고 있는 것에 대해 질문을 던지는 사람이 창업의 기회를 찾을 수 있다.

미국의 명문 고등학교 필립스엑시터 아카데미의 표어는 "나 자신만을 위해서가 아닌(Non Sibi)"이다. 'Non Sibi'는 'Not for self'의 라틴어다. 하버드대학교 정문 '덱스터 게이트(Dexter Gate)' 입구 방향에는 "Enter the grow in wisdom(지혜를 얻기 위해 들어오라)"라고 쓰여 있고, 나가는 방향에는 "Depart to serve better thy country and thy kind(국가와 인류를 섬기기 위해 떠나라)"라고 쓰여 있다. 세상을 위해 자신의 역량을 발휘하는 것이 가장 중요한 덕목이라는 의미다.

슬프게도 우리나라에는 국가의 고위 관료가 자신만을 위해서 국민을 희생시키는 뉴스를 많이 접할 수 있다. 창업으로 성공한 선한 부자들이 우리나라에 많았으면 좋겠다. 직원으로 일할 때는 몰랐는데, 사장이 되어 보니 사람을 한 명 고용하는 것은 정말 위대한 일이라는 생각이 든다. 많은 사업가들을 존경하게 되었다. 고객의 문제를 해결해주고 고객을 만족시키며 부가가치를 창출하고 온전한 일자리를 제공하는 선한 창업가들이 많아졌으면 좋겠다.

4장

—

창업 역량 1 :

나 자신을 알라.
5가지 라이프 스킬

실패는 없다
성장만 있을 뿐

이력서엔 없지만 누구나 아는 것

취직을 하기 위해 스펙을 쌓는 대학생들이 많다. 사람을 뽑을 때 이력서에 적혀 있는 항목이 그 사람을 나타낸다고 할 수 있을까? 직장인 시절 한 회사에서 면접을 볼 때였다. 부회장님이 내 이력서를 보며, "이 이력서의 몇 퍼센트가 맞는 정보인가?"라고 물었다. 무언가 잘못된 건가? 입사가 취소되는 건 아닌가? 나는 내 이력서를 곰곰이 들춰보았다. 왠지 고등학교 졸업일이 다르게 적혀 있는 것 같았다. "95퍼센트 정도 맞는 것 같습니다"라고 대답했다. 그러자 부회장님은 빙그레 웃으면서 "그렇게 회사 생활을 하기 바라네"라고 말했다.

이력서에는 나타나지 않지만, 같이 일하는 모든 사람들이 알 수 있고 협업할 때 큰 영향력을 미치는 것이 있다. 바로 '태도'다. 이력서와 면접을 볼 때는 좋은 사람인 것 같은데, 막상 일해보면 상당히 어려운 사람들이 있다. 어떤 대학을 나왔는지는 따로 물어보지 않는 한 알 수 없지만, 그 사람의 태도는 알 수 있다. 어떤 태도로 삶을 사느냐에 따라 자기 삶에 많은 기회를 만들 수도 있고 반대로 많은 기회를 차버릴 수도 있다.

최고의 태도

그렇다면 어떤 태도를 가지고 사는 것이 좋을까? 단언컨대 긍정의 태도가 최고다. 어떤 사람은 군대에서 인생을 낭비했다고 생각하는 사람이 있고, 어떤 사람은 군대를 최고의 대학으로 만드는 사람도 있다. 군대 내에서 독서 모임을 만들어 많은 책을 읽고 많은 군인들을 변화시킨 사람도 있다. 《군대를 최고의 대학으로 만들다》의 저자 장재훈 대표의 이야기다. 장 대표와는 4개월간 진행된 같은 세미나에 참석한 적이 있는데, 매번 나가서 발표할 때마다 변해가는 군인들을 보며 감동의 눈물을 흘렸다.

좋은 일만 있었던 것은 아니다. 평소에 앙심을 품고 있던 병사가 독서 모임을 강요한다는 이유로 '마음의 편지'를 상부에 올려서 마음의 상처를 받은 적도 있다. 걱정하는 표정으로 안부를 물은 나에게 장재훈 대표는 씩 웃으며 말했다.

"심장을 떼어서 나눠 주었기 때문에 더 많이 아팠던 것 같아요.

그런데 심장은 다시 자라더라고요."

5년 전에 들은 말이지만, 지금 내 옆에서 말하는 듯 생생하게 들리는 듯하다. 그가 보여주었던 긍정의 태도는 그때 당시 나와 함께 세미나에 참가했던 많은 사람들의 마음에 남았다.

우리의 인생을 결정짓는 것

장 폴 사르트르는 말했다.

"인생은 B와 D 사이의 C다(Life is C between B and D)."

B는 탄생(Birth), D는 죽음(Death), C는 선택(Choice)을 뜻한다. 인생은 나의 선택을 통해 만들어진다는 것이다. 오늘 내 인생은 어제까지의 내 선택의 합이다. 어떤 선택을 하느냐가 우리의 삶을 결정하는데, 우리는 어떤 기준으로 선택을 하는 걸까? 정말 우리는 스스로에게 좋은 결과를 가져오는 선택만 하는가? 아니다. 담배를 피우거나, 내일 중요한 일이 있는데 술을 마시거나, 끝내야 하는 중요한 일이 있는데 유튜브가 눈에서 떨어지지 않는다. 무의식적으로 스스로에게 나쁜 영향을 주는 선택을 한다.

최근 심리학에 따르면 우리가 선택하는 일의 90퍼센트 이상이 무의식에 의한 선택이라고 한다(심지어 99.9퍼센트라는 논문도 있다. 그리고 나는 이 논문을 지지한다). 무의식은 평생의 경험을 통한 신념이나 감정의 작용으로 오랜 시간 형성되어 우리 삶에 영향을 미친다. 그러면 우리의 무의식을 바꿀 수 있을까? 물론 있다.

신념이 무의식을 바꾼다

새로운 신념을 만들면 그에 대한 감정과 무의식도 바꿀 수 있다. 좌파나 우파의 정치 이념 싸움도 사실상 감정에 따른 선택의 비중이 크다. 신념을 만드는 첫걸음은 자기 선언이다. 나를 어떻게 정의하느냐가 무의식에 영향을 준다.

"내가 하는 일이 그렇지, 뭐", "나는 안 돼", "나는 수학을 못해", "나는 머리 쓰는 일은 못해" 이런 말을 입에 달고 산다면, 정말 그런 인생이 되어버린다. '수학을 못한다'는 스스로의 프레임에 갇히면, 수학이 어렵게 느껴지고, 그러면 수학이 싫어지고, 수학 공부를 안 하게 된다. 수학 공부를 안 하면 당연히 더 어려워지고, 수학이 더 싫어지고, 수학 공부를 더 안 하게 된다. 반대로 수학을 잘한다고 생각하는 프레임에 갇히면, 수학이 쉽게 느껴지고, 수학이 좋아지고, 수학 공부를 하게 된다. 당연히 수학 공부를 더 하면, 수학이 실제로 쉬워지고, 수학이 더 좋아지게 된다. 이런 과정을 네 번 반복하면 수학을 잘한다는 신념이 생긴다. 자연스럽게 수학을 공부하고 잘하는 사람이 되어간다. 첫째는 긍정문(자기 선언), 둘째는 그에 따른 경험을 네 번 겪는 것, 이것이 하나의 신념이 만들어지는 과정이다.

긍정문은 자기 전과 일어나자마자 거울을 보고 말할 때 더욱 효과가 있다. 틈날 때마다 항상 머릿속으로 외우고 다니면 더욱 좋다. 아침마다 거울을 보고 긍정문을 외쳤던 빌 게이츠처럼("오늘도 나에게 찾아오는 어마어마한 행운을 기꺼이 받아들일 것이다. 난 그 행운에 압도당할 것이다") 스티브 잡스도 아침에 거울을 보며 "오늘이 내 인생의 마지막 날이라면, 과연 나는 이 일을 하겠는가?"라는 질문을 던졌다. 나는 빌 게이츠의 긍정문을 선호한다. 빌 게이츠는 누구나 인정하는 행운의 사나이가 되었지만, 스티브 잡스는 '마지막 날'이라는 부정적인 단어가 들어 있다. 잡스는 위대한 성공을 이루어 세상을 바꾸었지만, 본인은 굴곡이 심한 인생을 살았다.

200명의 사업가들이 참여한 세미나에서 질의응답 시간에 한 사람이 자신을 세계적인 기업가가 될 사람이라고 소개한 뒤 강사에게 질문을 했다. 많은 사람들이 웃음을 터트렸지만, 매일 '나는 세계 최고의 강사다'라고 외치고 있는 나는 동지를 만난 기분이었다. 나중에 따로 기회가 되어 만나보니, 아주 젊은 사람인데 한국, 중국, 일본을 오가며 꽤 규모 있는 사업을 하고 있었다. 명함을 주고받을 때, 내 명함 뒤에 쓰인 '세계 최고의 Life Skill 실현자'라는 문구를 보고 "세계 최고라는 말을 쓰는 것 자체가 대단하다고 생각합니다. 저 역시 어딜 가든 세계적인 기업가라고 소개하는데, 어제까지 중국에서 업무 미팅을 하고 오늘 겨우 세미나에 참여할 수 있었습니다"라고 말했다. 자신을 어떻게 정의하고 싶은가?

최고의 긍정문

내가 생각하는 최고의 긍정문은 "나는 나를 사랑한다"이다. 나를 사랑하는 것은 내가 좋아하는 게임을 밤새 즐기고 흥청망청 사는 것이 아니다. 어머니가 나를 바라보는 마음으로 나를 무조건적으로 사랑하는 것이다. 나를 사랑하는데 담배를 피워서 건강을 해치겠는가? 나를 사랑하는데 밤새 게임을 해서 내 시간을 허비하겠는가? 나를 사랑하는데 밤새 술을 마시고 두통과 소화불량을 동반한 숙취의 아침을 맞이할 것인가? 아니다. 나를 사랑하니까 운동을 한다. 나를 사랑하니까 내 시간을 귀하게 아껴 쓴다. 나를 사랑하니까 자기계발을 한다. 나를 사랑하니까 독서를 한다. 나를 사랑하니까 내가 가장 사랑하는 가족들과 시간을 보낸다.

밤새 일하고, 주말에 일해도
가슴 뛰도록 행복한 이유

사업을 하면 걸리는 병

자기 사업을 하면 이상한 병에 걸린다. 일요일 회사에 나와도 참 행복해지는 병이다. 다음 일이 너무 기다려지는 증상을 동반한다. 일요일 아침 다섯 살짜리 딸의 부루퉁한 얼굴이 예방약이다. "아빠 일하지 말고 놀아줘"라는 아이의 눈물 주사를 맞아야 죄책감과 함께 병이 호전된다. 일중독이라는 이름의 병은 책임감과 몰입, 에너지를 나에게 가져다주고, 많은 부와 보람, 재능의 발현이라는 기회도 제공한다. 고객들이 써준 편지를 읽거나 아이가 너무 변해 감사하다며 흘리는 엄마의 눈물은 병을 악화시킨다. 하루에 4시간 운전하고 8시간 강의하고 3시간 강의 준비하고 밥은 마시다시피 입에 떠 넣고 몸이 부서져라 힘든데도 12시에 대학 근처 카페에서 글을 쓰며 행복한 웃음을 짓고 있는 나의 모습을 발견할 때, 이 병의 말기가 찾아왔음을 알 수 있었다.

놀랍게도 이런 병에 걸린 나 자신이 참 대견하다고 생각한다. 회사 다닐 때는 오늘 하루하루를 어떻게 버티나 고민만 하던 나였는데, '이렇게 일이 즐거워도 되나?'라는 생각이 든다. 빨리 출근해서 회사 동료들과 함께 으쌰으쌰 하며 일하고 싶다. 제자들을 만나고 싶고 고객들의 삶을 변화시키고 싶다. 그리고 이 글을 읽는 독자들의 삶도 변화시키고 싶다. 사람의 욕망은 사람을 움직이는 힘의 원천이 된다. 욕망은 어떤 대상에 대한 감정 상태다. 감정의 어원 'emotion'은 라틴어 어근을 가지고 있고, 'e'는 이끌다, 'motion'은 '움직임'으로, 즉 '움직임을 이끈다'는 뜻이다.

꿈 리스트를 적어놓은 너덜너덜한 노트

내가 하고 싶은 것, 가보고 싶은 곳, 배우고 싶은 것, 되고 싶은 모습, 갖고 싶은 것 그리고 가장 중요한 나눠 주고 싶은 것. 너무 많이 봐서 너덜너덜해진 종이를 바라보는 내 마음은 고래 꿈으로 가득하다. 그리고 그 꿈은 오늘도 나를 움직이게 한다. 우리는 어떤 꿈을 가지고 있고 어떤 꿈이 나를 움직이게 하는가? 정말 이루고 싶은 간절한 목표를 가지는 것은 나를 알고, 세상을 이해하는 것에서 시작된다. 처음부터 큰 꿈을 꾸면 다음에 오는 것들은 이 꿈을 위한 모든 과정에 불과하다.

가장 위험한 것을 길들이려면?

아프리카에서 가장 위험한 동물은 무엇인가? 코브라, 사자, 악어보다 위험한 동물이 바로 하마다. 엄청난 악력과 돌진력, 코브라의 이빨도 들어가지 않는 두꺼운 피부, 사자도 한입에 물어서 물가로 끌고 가면 꼼짝달싹 못 하고 죽은 목숨이다. 이 하마도 건드릴 수 없는 동물이 바로 코끼리다. 거대한 몸집의 코끼리를 길들일 수 있는 비결은 무엇일까?

코끼리는 어릴 때밖에 길들일 수 없다. 다 큰 코끼리는 조련이 불가능하다. 말뚝을 바닥에 단단히 박아 넣고 어린 코끼리 다리를 밧줄로 말뚝에 묶어놓는다. 어린 코끼리는 도망가려고 하지만 연약한 몸집으로는 말뚝을 뽑을 수 없다. 수차례 도망가려던 코끼리는 서서히 말뚝에 익숙해진다. 그리고는 깨닫는다. 이 말뚝은 자신이 벗어날 수 없는 것이라고, 이전에 많이 시도해봤지만 안 되는 것이라고 믿어버린다. 놀랍게도 거대한 코끼리가 되어서도 이에 대한 믿음이 확고해서, 발만 살짝 들어도 뽑힐 만한 그 말뚝에 묶여 도망갈 생각을 못 하게 된다.

이 밧줄과 말뚝은 우리에게 현실과 같다. 현실을 벗어나지 못하는 한 최고의 가능성을 발휘할 수 없다. 이 밧줄을 끊을 수 있는 것은 오로지 '꿈'밖에 없다. 초원을 누비는 꿈을 꾸는 것이다. 이 꿈만이 말뚝을 뽑아버리고 삶의 무한한 가능성을 향해 나아갈 수 있는 열쇠다. '이전에 해봤어.' 당신은 다르다. '저 사람도 해봤어.' 당신은 다르다. '아무도 한 사람이 없어.' 당신이 최초가 될 수 있다. 위대한 성공을 이룬 사람들은 모두 가슴속에 활활 타오르는 뜨거운 꿈을 한 조각 품고 살아간다. 꿈은 당신을 묶고 있는 고정관념을 잘라버리고 새로운 가능성의 세계로 인도한다.

꿈의 줄 맞추기

꿈만 꾸면 그저 근거 없는 낙천가가 되기 쉽다. 자신의 현실은 어제와 조금도 변하지 않았는데 그저 미래가 좋아질 것이라는 생각만 하는 것이다. 물론 긍정적인 생각은 긍정적인 미래로 이끈다. 하지만 생각만으로는 부족하다. 생각과 행동의 줄 맞추기(alinement)를 해야 한다. 핵심은 오늘 아주 작은 것이라도 꿈을 위한 실행을 하는 것이다.

자기 몸집보다 훨씬 거대한 고래를 먹는 방법은 오로지 '한입부터 먹는 것'이다. 큰 꿈이 있다면 잘게 쪼개라. 그리고 오늘 바로 실행해야 하는 일을 나열하고 실행하라. 꿈을 위한 목표들을 만들고 그것을 쪼개고 또 쪼개서 자신이 오늘 해야 할 중요한 일로 만든다면 어떤 거대한 꿈도 이룰 수 있다. 나의 큰 꿈 중 하나는 '세계 최고의 강연자'가 되는 것이다. 10명 앞에서 강연할 때도, 300명 앞에서 강연할 때도, 심지어 한 명 앞에서 강연할 때도 세계 최고의 강연자가 된 듯 강연한다.

아직 나의 실력은 세계 최고에 못 미친다. 하지만 내가 세계 최고의 강사를 꿈꾼 그 순간부터 내가 할 수 있는 최선의 강연을 한다. 고객으로부터 최악의 피드백을 받아서 다음 강의가 줄줄이 끊어진 적이 있다. 정말 심각하게 강연자의 꿈을 포기해야 하나 고민할 정도였다. 금전적 충격까지 같이 왔기에 하루 강연료가 절실한 그때는 하늘이 무너지는 것 같았다.

그럼에도 불구하고 세계 최고의 강사가 될 것이라는 확신을 가지고 강단에 올랐다. 내가 강연한 내용을 녹음해서 돌아오는 길에 차에서 듣고 또 들으며 강연 대본을 고치고 또 고쳤다. 그렇게 300회가 넘어간 지금도 내 강연은 발전하고 있다. 언젠간 세계 최고의 동기부여 전문가 토니 로빈스와 함께 강단에 서는 상상을 하며, 오늘도 나는 하나의 강연에 사력을 다한다.

스탠퍼드의 이상한 시험

스탠퍼드대학교에서는 기말고사 때 '미래의 꿈을 기록하라'는 시험을 친다. '100세 시대'라고 한다. 운 나쁘면 120세까지 살 수 있다. 100세에 나는 어떤 일을 하고 있을까? 나는 죽는 그날까지 강연하고 책을 쓰고 아이들을 교육하고 싶다. 내 롤 모델 중 한 분인 김형석 교수는 100세가 넘어서도 책을 내고 강연을 하고 많은 사람들에게 선한 영향력을 남긴다. '60세가 되어야 철든다', '75세까지는 성장할 수 있다' 등 주옥 같은 어록을 많이 남긴 교수의 글과 말이 내 안에 살아 숨 쉬고 많은 어린이와 어른이(?)의 마음에 불을 지피고 있다.

마흔이 다 되어가는 나 역시 아직 너무 젊고 어리다고 느껴지게 만드는 교수님의 영향력에 저절로 고개가 숙여진다. 경영학의 아버지 피터 드러커도 본인의 전성기가 75세에서 83세라고 했으니 아직 나의 전성기가 오려면 35년은 더 성장해야 할 듯싶다. 당신은 어떤 삶을 꿈꾸는가? 어떤 인생을 살고 싶은가? 이런 인생은 다른 사람의 이야기라고 생각하는가? 아니다. 당신의 이야기다. 바닥 생활을 하면서도 하늘을 수놓는 아름다운 나비가 되기 위한 꿈을 키워온 실리콘밸리의 전설 김태연 회장은 이렇게 이야기한다.

"그도 하고, 그녀도 하는데, 나라고 왜 못하겠어(He can do, She can do, Why not me)."

어떻게 능력을
보여줄 것인가?

사람을 만나라

인맥 관리 소셜미디어 링크드인을 설립한 '연결의 왕' 리드 호프만의 사례에서 알 수 있듯이 인맥은 창업가의 큰 자원이다. 한 사람이 연결해줄 수 있는 인맥도 그 사람의 능력을 보여준다. 지인의 소개로 만난 사람과 인터넷으로 검색해서 만난 사람 사이에는 마음의 거리 차이가 크다.

리드 호프만은 협력자를 많이 만들어야 한다고 한다. 협력자란 정기적으로 조언을 구할 수 있고, 적극적으로 기회를 공유하고, 다른 사람들에게 추천할 만하고, 곤경에 처했을 때 '내 편'이 되어주고, 남들 앞에서 연대감을 강조할 수 있는 사람을 말한다. 호프만은 월급 중 일정액을 따로 모아서 '흥미로운 사람들'이라는 펀드를 만들라고 조언한다. 자기 분야에서 자신보다 더 성공을 이룬 사람이나 오랫동안 못 본 친구, 다른 분야라도 자신이 살고 싶은 삶을 사는 사람들을 만나라고 한다. 이런 협력자를 만나는 비결은 상대의 입장에서 보고, 상대를 어떻게 돕고 어떻게 협력할 수 있을지 먼저 고려하는 것이다.

"이제 서비스란 단어를 버려라"

2008년 금융 위기로 스타벅스의 매출이 줄어들었을 때 하워드 슐츠 회장은 직원들에게 이런 메시지를 보냈다.

"이제 서비스란 단어를 버려라."

그는 서비스를 넘어서서 관계라는 새로운 방법을 제시했다. 관계는 고객과 회사의 연결 고리를 만드는 것이다. 매장 직원이 상냥하게 웃으며 "무엇을 주문하시겠어요?"라고 이야기하는 것은 서비스다. 무슨 좋은 일이 있는지 싱글벙글 웃으며 커피를 주문하는 손님에게 "좋은 일이 있으신가 봐요?"라고 이야기하고 주문을 받으면 새로운 연결 고리가 생긴다.

"아들이 대학에 합격해서요."

"정말 축하드려요."

이 순간 서비스가 관계로 변한다. 이렇게 하나씩 접점을 만든 고객은 스타벅스의 단골이 된다. 커피라는 매개를 통해 고객과 소통하는 것이다.

1인 기업이 아닌 이상 창업가가 된다는 것은 크건 작건 팀을 이끌어야 하는 위치에 놓인다. 앞에서 말한 한국인 창업가 호창성 대표는 인사가 가장 중요하다고 강조한다. 그는 기한을 맞추기 위해 어쩔 수 없이 사람을 뽑는 것보다 좋은 사람을 뽑는 것이 더 중요하다고 말한다. 좋은 사람이란 관계를 잘 맺을 수 있는 사람이다. 상대방의 관심사에 먼저 관심을 갖는 사람, 상대방 중심으로 생각할 수 있는 사람과 대화를 하면 누구라도 유능한 사람이라는 느낌을 받는다.

명강사는 다른 세계에 사는 사람의 이야기를 마치 우리 집에 같이 사는 사람의 이야기처럼 표현할 수 있다. 사람들의 공감을 얻을 수 있는 사람은 좋은 투자자도 유능한 동업자도 열정적인 창업 멤버도 찾을 수 있다. 실리콘밸리의 성공한 많은 창업가들과 인재들은 이런 공감 능력이 뛰어나다. '나'라는 단어보다는 '우리', '팀', '파트너'라는 단어를 더 많이 사용한다.

새로이 만나는 사람은 갓 구운 빵이다

세계에서 가장 큰 도시락 회사를 만든 스노우폭스 김승호 회장은 새로 만나는 사람은 갓 구운 빵과 같다고 이야기했다. 3~4년 된 나뭇가지에서 열매가 맺히는 것이 아니라 1~2년 된 새 나뭇가지에서 열매가 맺힌다. 사람도 이와 같아서 사업 기회나 영업의 성과도 새로운 인간관계에서 많이 생긴다. 최근에 보험을 든 사람이 주위에 소개를 많이 해준다. 최근에 강의를 들은 사람이 주위 사람들에게 소개를 많이 해준다.

처음 만나는 사람에게 세심하게 정성을 다해 성실함을 보여주어야 한다. 그가 원하는 것이 무엇인지, 내가 어떻게 도와줄 수 있는지 고민하면서 약속을 성실히 지켜야 한다. 좋은 인상을 남기기 위한 노력도 해야 한다. 인맥은 금맥이다. 새로 만난 지 3개월이 넘지 않은 사람은 누구인가? 그 사람들에게 지속적으로 마음을 다하면, 그들로부터 새로운 기회가 열릴 것이다.

새로운 사람들에게 좋은 인상을 남기는 것 또한 엄청난 재능이다. 자수성가한 백만장자들의 성공 요인 중 다섯 손가락 안에 드는 것이 대인관계다. 처음 만난 사람에게 활짝 웃으며 인사하고 명함을 건네며 긍정적인 에너지를 전파해보자. 성격이 내성적이고 부끄러움을 많이 타는 사람일지라도 그 순간만큼은 자신이 리드 호프만이라고 생각하자. 분명히 그 사람에게 도와줄 일이 있을 것이다. 그리고 그 도움이 모여서 당신에게 성과로 찾아올 것이다.

의도적 관계 증진 활동

고마운 사람들에게 주기적으로 연락을 해야 한다. 한 사람에게 연락을 해야 할 일이 1년에 네 번 있다. 생일, 연말(연초), 추석, 설날이다. 받는 사람의 이름을 넣은 문구로 문자 메시지를 하는 것도 좋지만, 전화를 해서 목소리를 듣고 약속을 잡아라. 사람을 관리하는 것도 사장의 큰 업무다. 목록을 적어놓고 시간을 미리 비워놓고 전화를 하라. 이런 것을 '의도적 관계 증진 활동'이라고 한다. 고객의 매출을 추적할 수 있는 데이터베이스를 가지고 있다면 상위 10명을 추려서 정기적으로 감사의 문자와 함께 커피 상품권을 보내는 것도 좋다. 물론 가장 연락하기 좋은 날짜와 시간은 항상 '지금'이다.

관계의 정리

마지막으로 관계에서 중요한 것은 정리다. 지나치게 무례하거나 말이 많고 이슈를 만드는 사람이 있다. 주는 것보다 더 많이 받기를 바라는 사람들이 있다. 이런 사람들을 테이커(taker)라고 한다. 테이커들은 처음에는 마치 기버(giver)처럼 나에게 접근한다. 초반에는 편하고 기분 좋은 관계를 유지하지만, 어느새 나를 힘들게 하는 존재로 변한다.

이런 사람들을 정리하는 것도 중요하다. 사람에 따라 대단히 어려울 수도 있다. 천천히 자연스럽게 멀어져야 하는 사람도 있고, 지혜로운 말로 단박에 관계를 끊어야 하는 사람도 있다. 그렇게 멀어진 사람이 나에 대한 나쁜 여론을 만들 수도 있다. 그럼에도 불구하고 자주 하다 보면 기술이 늘고 현명한 방법이 생기게 마련이다. 하기 싫은 말이라도 해야 하는 것이 창업가다. 사장은 마음속에 칼 하나를 품고 사는 법이다.

끊임없이 가지치기를 해가며, 자석처럼 사람을 붙여가며 창업이라는 세상에서 돌아다니다 보면 어느새 내 주위에 정말 좋고 행복한 사람들만 남게 된다. 너무 고맙고 감사한 사람들이 점점 많아지고, 그런 분들이 또 고마운 분들을 몰고 온다. 항상 좋은 사람들을 몰고 다니는 행복한 자석 같은 창업가가 되는 길은 오늘 또 한 번의 경험 으로 완성되는 과정이다.

시간을 관리하는 사람이
모든 것을 가진다

'기우새'로 시간을 관리하라

창업가들은 누구보다 시간을 남다르게 쓰려고 노력하는 사람들이다. 누구에게나 24시간이 주어진다. 가난한 사람이건 부자이건 하루 24시간은 변함없다. 오늘도 전 세계 사람들이 똑같이 24시간을 살아간다. 이 시간을 어떻게 사용하는가에 따라 삶이 현격하게 차이 난다. 우리나라에서 자기계발 분야의 최고 전문가 강규형 대표는 시간 관리에 대한 세 가지 노하우를 말한다. 시간을 기록하라. 우선순위를 지켜라. 새벽형 인간이 돼라. '기우새'로 알려진 이 실용적인 관리 방법을 몸에 익히고 습관화한다면, 삶이 변화되는 것은 말 그대로 시간문제다.

아직도 이 세 가지 방법을 처음 실행했던 날이 기억난다. 토요일 새벽 4시 30분에 일어나, 서울에서 6시 40분에 시작하는 독서 모임에 참석했다. 그 시간에 80명 정도의 사람들이 옷을 차려입고 모여 있었다. 놀랍게도 그 많은 사람들이 일주일 동안 한 권의 책을 읽고 서로의 변화를 나누는 기적 같은 시간이 펼쳐졌다. 얼떨떨하고 멍하면서도 설레는 마음이 교차하는 시간이 지나고 '공부해서 남 주자'라는 구호와 함께 독서 모임이 끝났다. 새로운 세상을 만난 감동을 느낄 새도 없이 핸드폰이 시끄럽게 울렸다. 9시에 맞춰놓은 알람이 울린 것이다. 평소에는 자고 있을 시간이고 이 알람조차 듣지 못하고 11시까지 침대에서 뭉그적거리던 지난주의 나와 비교했을 때, 이 사람들은 얼마나 다른 세상을 살고 있었던가 반성했다.

다이어리를 꺼내 오늘의 계획을 세웠다. 오늘 꼭 해야 할 일곱 가지 리스트를 적고 시간을 계획했다. 우선순위 리스트인 100페이지 책 읽기를 먼저 실행하고, 집 청소, 아이 보기, 부모님 방문 등 여러 가지 일을 착착 해나갔다. 하루가 너무나도 길었다. 모든 일을 다 끝냈는데도 7시밖에 되지 않았다. 토요일이 두 배로 늘어난 느낌이었다. 이 생활을 5년째 계속하고 있고, 이제는 내가 독서 모임을 만들어 3년 넘게 많은 분들을 섬기고 있다. 회사에 적응하지 못해 공황장애를 앓고 있던 강환규 사원은 교육회사 대표가 되었다. 놀랍게도 나는 아직도 성장하고 있다.

시간에 색을 입히다

일주일에 한 번은 한 주를 피드백하며 내가 한 일들에 색을 칠했다. 강연이나 상담, 책 쓰기 등 성과가 난 업무는 분홍색으로 칠했다. 업무 회의, 강의 준비 등 성과를 내기 위한 보조 업무는 주황색으로 칠했다. 교회를 가거나 아이들과 보내는 개인적인 시간은 초록색으로 칠했다. 운동을 하거나 책을 읽거나 세미나에 참석하는 등 자기계발은 파란색으로 칠했다. 사람을 만나거나 인적 네트워크를 형성하기 위한 일에는 보라색을 칠했다.

분홍색이 점점 줄어들면 통장 잔고도 비례해서 줄어들었다. 어떻게든 강연을 만들어내기 위해 불철주야 영업과 마케팅을 했다. 너무 바빠서 초록색이 없어지면 어떻게든 시간을 만들어서 아이들의 손을 잡고 근처 공원으로 놀러 갔다. 보라색이 없어지면 평소에 연락을 못 드린 멘토들을 만나 약속을 잡았다. 이렇게 시간을 보내니, 아무리 바빠도 생활의 균형이 맞춰졌다. 느낄 수도 만질 수도 없는 시간을 종이에 기록하면서 관리하자 내 시간의 가치는 점점 높아지기 시작했다. 더 바빠지지만 그 속에 여유를 찾을 수 있었다.

그들에게 기본기가 되는 것

서양에서는 유명한 시간 관리 전문가들이 많다. 시간 관리 기술과 노하우를 배우는 데 기꺼이 비용을 지불한다. 미국에서 가장 입학하기 어렵다는 스탠퍼드에 입학하기 위해서는 시간 관리를 해야 한다. 입학 후에도 미국 명문 대학의 살인적인 스케줄을 소화하기 위해서는 시간 관리가 필수다.

그중 가장 악명 높은 하버드대학교 학생들은 수업 시간 외에 공부하는 시간이 평균 주 31시간이다. 과외 활동이나 아르바이트까지 합한다면 정말 불가능할 정도의 일정을 소화해야 한다. 하버드대학교 1,600명을 인터뷰해 수재들의 공부법《하버드 1교시》를 펴낸 리처드 라이트 교수는 가장 중요한 단어로 '시간'을 꼽았다. 공부도 잘하고 과외 활동도 잘하는 학생일수록 대화할 때 시간이라는 단어를 자주 쓴다고 했다.

업무도 마찬가지다. 피터 드러커 교수는 "너의 시간을 알라"고 했다. 경영자는 '계획'을 세우는 것이 아니라 명확한 '시간 계획'을 세우는 것이 회사 경영의 기본이라고 했다. 창업한 회사를 성공적으로 운영하기 위한 가장 중요한 역량 중 하나가 시간 관리다.

많은 사람들이 자신이 바쁘다고 착각한다

현재 최고 강사진 명단에 당당히 꼽히는 김미경 씨는 시간은 '삶'이라고 표현했다. 우리는 시간이 없으면 존재할 수 없다. 시간이 있기에 우리는 존재할 수 있다. 우리의 존재 방식은 우리에게 주어진 시간에 어떤 일을 하느냐에 따라 정해진다. 글을 쓰고 있다면 작가가 될 것이고, 노래를 연습한다면 가수가 될 것이고, 악기를 연습하면 음악가, 음악을 작곡하면 작곡가가 될 것이다. 그 시간이 누적되어 실력이 쌓이고 성과가 따라붙는다. 긴 시간 동안 쌓은 실력은 남이 쉽게 따라올 수 없도록 진입 장벽을 높인다. 우리가 시간 관리를 해야 하는 중요한 이유 중에 하나는 자기 삶에 가장 의미 있고 중요한 일을 할 수 있는 시간을 만들기 위해서다.

미래를 위해 책을 읽고, 어학을 공부하고, 운동을 하고, 책을 쓰고, 중요한 삶의 기술들을 습득하는 것. 자기 삶의 중요한 일들을 해내기 위해서는 의도적으로 노력하지 않으면 좀처럼 시간을 내기 어렵다. 급한 일을 쳐내기에 바쁘고 그나마 시간이 생기면 즐길 일을 먼저 하게 된다. 킬링 타임용 무비, 킬링 타임용 게임, 킬링 타임용 취미들이 자신의 삶을 벼랑으로 내몰 수도 있다.

성공을 하기 위해서도 시간 관리가 필요하지만 유지하기 위해서도 더욱 철저한 시간 관리가 필요하다. 물론 휴식도 필요하다. 하지만 내가 꼭 해야 하는 중요한 일을 하지 못하고 시간을 낭비하고 있다면, 그것은 휴식을 핑계로 한 시간 도박이다. 언젠간 이 상황이 나아지거나 지나가기만을 기다릴 뿐, 그것을 대비한 준비나 문제로부터 벗어나기 위한 성장을 하지 않는다면 미래가 어떻게 이어질지는 너무나도 뻔하다. 많은 부모들이 자녀가 게임하는 것이 문제라고 생각한다. 하지만 문제의 본질은 게임을 하는 것이 아니라 게임에 너무 몰입하는 바람에 중요한 일을 하지 못하는 습관이 생기는 것이다.

너무 많은 시간을 너무나도 간단하게 게임이나 TV, 유튜브에 쏟아 넣는다면 그 속에 자신의 삶이 녹아버린다. 자신이 보낸 시간을 기록하면 이런 시간들이 적나라하게 보인다. 마치 벌거벗은 자신의 삶을 보는 것같이 노골적인 시간들이 종이 위에 펼쳐진다. 자신을 있는 그대로 바라볼 수 있게 된다. 많은 사람들이 자신이 열심히 일한다고, 바쁘다고 착각한다. 시간을 기록하지 않는 이상 이 착각을 벗어날 수 없다. 30분 단위로 내 삶을 적어보기만 해도 바로 알 수 있다.

시간을 기록하라. 우선순위를 정하라. 새벽을 맞이하라. 이 세 가지 습관은 당신이 어디에 있든 어떤 일을 하든 최고의 집단에 속하게 되는 위대한 삶의 시작이 될 것이다.

열매 맺기 위해 반드시
이뤄야 할 성공의 무기

책을 많이 읽으면 실패한다

책을 많이 읽는 사람이 성공한다고 한다. 정말 책을 많이 읽으면 성공할 수 있는가? 결론부터 이야기하면 아니다. 오히려 책을 많이 읽는 것이 독이 될 수도 있다. 《칭찬은 고래도 춤추게 한다》로 유명한 캔 블랜차드는 책을 많이 읽으면 아는 것은 많은데 실행하지 못하는 지식의 저주에 걸릴 가능성이 높다고 이야기한다. 문제가 있는 것 같아서 해결책을 이야기하면 다 알고 있는 건데 당연한 것을 왜 이야기하냐고 말하는 사람이 있다. 반대로 말하면, 당연한 것을 실행하지 않는 것을 너무 자연스럽게 생각한다.

이 상태로 책을 많이 읽으면 삶과 지식의 거리, 즉 지행격차(Knowing-Doing Gap)가 생기고 인생은 다람쥐 쳇바퀴 돌듯 아무것도 변하지 않는다. 저자의 핵심 생각을 보고 내 삶을 깨닫고 작은 것부터 실천하는 살아 있는 독서를 해야 인생이 변한다. 책 한 권을 읽으면 자기 삶에 무언가 하나는 적용해봐야 인생이 변한다. 물론 사람에 따라 실행력이 다르다. 거실에서 TV를 없애버리라는 내용을 책에서 읽었을 때, 바로 거실의 TV를 팔아버리는 사람이 있고, 거실의 TV를 방으로 옮기는 사람도 있고, TV 앞에 21일간 'TV 보지 말 것'이라고 써서 붙여놓는 사람이 있을 것이다. 물론 '나는 절대 TV는 포기 못 해!'라는 신념을 가지고 저자의 말을 무시하는 사람도 있다. 확실한 건 저자의 말을 무시한 사람과 TV를 팔아버린 사람의 인생격차가 크다는 것이다.

이런 작은 실행들은 다른 실행을 불러오기도 한다. 거실의 TV가 없으니 가족끼리 모여서 대화하는 시간이 늘어날 것이다. 가족끼리 감정 코칭, 신경-언어 프로그래밍(Neuro-Linguistic Programing, NLP), 비폭력 대화, 하브루타 등에 관한 책을 읽고 대화를 시작한다면 어떻게 될까? 아이들은 충분히 존중과 사랑을 받으며 커갈 것이고, 이렇게 내면의 자기 동기력이 점점 커진 아이들은 스스로의 꿈을 위해 자신이 좋아하고 잘하는 것을 찾아가기 시작할 것이다. 물론 가정에서 쓰는 말을 아이들은 자연스럽게 자기 것으로 만들 것이고, 자연스럽게 관계의 달인이 될 것이다. 어떤 사람은 가정이 짐이라고 생각되지만, 어떤 사람에게는 가족이 삶의 큰 의미이자 힘이다. 나의 세상은 내가 만들어가는 것이고 항상 성장하는 삶을 살 것인지 어제와 같은 삶을 살 것인지 선택하는 것은 자신이다.

문제 해결의 전문가를 만난다

사업을 하다 보면 많은 문제를 마주하기 마련이다. 문제에 부딪힐 때마다 그 문제를 해결하려면 자신이 그 문제보다 더 거대해지면 된다. 처음에는 자신을 너무나 힘들게 했던 문제들도 자기만의 방법과 노하우를 체득하면 그저 하나의 업무에 불과할 뿐이다. 문제는 그 방법과 노하우를 어떻게 찾을 수 있느냐는 것이다. 놀랍게도 이런 삶의 경험을 정수로 녹인 책들이 많다. 수년 혹은 수십 년의 노하우를 엄청난 에너지와 시간을 들여서 책에 써놓아 많은 이들에게 큰 도움이 된다.

그들이 적은 내용은 내 사업 분야와 거리가 멀수록 더욱 훌륭한 해결책이 되기도 한다. 이랜드 기업은 《맥도널드》라는 책을 읽은 뒤 우리나라에 '프랜차이즈'라는 단어가 없던 시절 이미 의류 프랜차이즈를 만들어서 큰돈을 벌었다. 사업을 할 때, 특히 작은 회사를 운영할 때 사업주는 모든 분야의 지식을 쌓을 필요가 있다. 재무, 경영, 회계, 인사, 마케팅, 영업 등 많은 분야에 대한 전문 지식을 두루 섭렵하고 있으면, 적어도 어이없게 실패할 일은 없다.

창업가가 중요하게 익혀야 하는 전문 지식

창업가가 익혀야 하는 중요한 전문 지식은 마케팅에 관한 지식이다. 마케팅 하면 단순히 홍보를 하는 것이라고 생각하기 쉽다. 마케팅은 시장을 정의해서 나누어 목표로 하는 시장과 고객에게 자기 제품의 정보를 기억하게 해서(포지셔닝) 자신의 제품이나 서비스를 찾게 하는 행위다. 여기서 가장 어려운 것이 고객 중심으로 생각하고 그 가치를 고객에게 어떻게 제공하느냐 하는 것이다. 이것을 전문가에게 맡기려면 큰돈이 든다. 하지만 전 세계적인 전문가를 단돈 1만 5,000원에 모셔올 수 있다. 마케팅의 아버지 필립 코틀러부터 마케팅의 이단아 세스 고딘까지 그들의 핵심 노하우와 연구 성과를 우리 회사로 가져올 수 있다. 물론 책을 통해서 가능하다.

그들 지식의 집약체를 만나서 적극적이고 능동적으로 텍스트에 덤벼들어 한 글자 한 글자 내 머리와 손끝까지 새긴다는 마음으로 읽고 적용한다면, 회사의 성과가 오르기 시작할 것이다. 한 분만 모셔올 것이 아니다. 마케팅 전문가의 책을 30권 정도 사서 서재에 쌓아놓고, 씹어 먹을 듯이 읽어서 하나씩 회사에 적용한다면, 30명의 대가에게 자기 회사를 컨설팅받을 수 있다. 본인 역시 마케팅 전문가가 되는 것은 덤이다.

창업가를 위한 실용 독서법

일반적으로 자신에게 도움이 된다고 생각하는 책들은 밑줄을 그으면서 읽는다. 정말 도움이 되는 내용을 발견하면 오른쪽 위를 살짝 접고 내용을 요약한다. 아래쪽에는 이것과 관련해서 자기 사업에서는 어떻게 진행하고 있는지, 그리고 자기 생각과 적용해야 할 것들을 적는다. 홍성태 교수의 《배민다움》에서 배민의 정신과 이념

봄들애인문교육연구소 강연장에 적혀 있는 문구

을 표현한 문구들을 회사 구석구석 적어놓았다는 내용을 읽고 우리 회사도 고객들이 회사의 가치를 알 수 있는 문구를 구석구석 적어놓았다.

우리 회사의 주 고객층은 40~50대다. 책에서 40~50대는 블로그를 주로 이용한다는 것을 읽고, 우리 회사의 교육 내용을 블로그에 올리기 시작했다. 전에는 교육 설명회를 하면 100퍼센트 입소문을 통해 왔지만 지금은 30퍼센트가 블로그를 보고 온다. 이렇게 책에서 본 내용을 자신과 회사에 하나하나 적용하다 보면 어느새 자신이 문제라고 생각하는 것은 사라지고 자신과 회사는 더욱 커지고 강해진 모습을 발견할 수 있다.

메모로 지식을 관리한다

책에 적어놓은 메모들 중 정말 중요한 것들은 따로 입력하고 출력해서 모아놓는다. 회사의 책 보유량이 1,000권이 넘어가다 보니, 한번 책장에 들어간 책은 어지간해서는 다시 나오기 어렵다. 정말 내 삶의 씨앗이 되는 도서들은 분야별로 정리해서 메모의 묶음으로 만든다. 이렇게 정리해두면 그 메모만 보더라도 주옥같은 아이디어들을 떠올릴 수 있다.

1년에 두 번 추석과 설날 휴일 마지막 날에는 꼭 이 메모 모음을 다시 읽어보는 시간을 가진다. 그리고 그 위에 새로 떠오른 아이디어나 생각을 덧입혀 적으면, 점점 생각이 응축되고 깊어진다.

책은 읽는 것이 아니다

독서는 무조건 써먹어야 한다. 실행하지 않은 지식은 지혜의 영역으로 가기 어렵다. 심지어 인문 고전도 자기계발서처럼 읽어야 한다. 《논어》를 읽고 인의예지(仁義禮智)를 아는 것보다 '인(仁)'한 사람이 되기 위해 하나의 실행을 해보는 것이 더 중요하다. 플라톤을 읽고 이데아를 이해하는 것보다 소크라테스의 '잘 산다는 것'이 무엇인지 확실히 알고 이를 자기 삶에 적용하기 위해 어떤 것을 실행해야 하는지 고민하는 것이 더 중요하다. 이렇게 자기 삶에 작은 실천을 쌓아갈 때, 위대한 사람들의 삶이 자신의 삶에 들어온다.

인문학적 사색도 물론 중요하다. 하지만 더욱 중요한 것은 인문학적인 삶이다. 인문학조차 철저하게 실용 독서로 읽어야 한다. 그렇게 자신의 삶을, 삶의 대가들이 보여준 실천으로 차곡차곡 쌓아갈 때 어느새 주위에 해결할 수 있는 일과 도와줄 수 있는 일이 많아진다. 그리고 성장하면 할수록 끊임없이 겸손해지는 자신을 발견할 수 있다.

수백 권의 자기계발서와 교육 도서를 읽고도 신간 도서를 읽으며 전율할 때가 많다.

'아…… 내가 이것도 모르면서 교육 전문가라고 했구나.'

오늘도 내가 마음에 모신 수십 분의 스승이 나의 삶을 지켜보고 있다. 그분들에게 은혜를 갚기 위해서라도 나는 성장해야 한다.

5장

창업 역량 2 :
인공지능을 지배하는
Only 1 창업가가 되는 비결

다른 사람의 문제를
해결하면 돈이 된다

문제는 선물이다

문제는 선물이다. 단, 그 선물의 포장지를 뜯을 수 있는 능력
이 있어야 한다. 마키아벨리는 《군주론》에서 성공은 행운(fortune)
을 통해 이루어지지만 그것을 잡을 수 있는 역량(virtue)과 사리분별
(prudence)을 갖춘 자만이 행운을 잡을 수 있다고 했다.

사업 현장에서는 끊임없이 문제가 발생한다. 정말 사소한 문제
로 고객이 떠나서 사업이 망하기도 하고, 정말 사소한 개선을 했는
데 매출이 늘어나기도 한다. 영국에 새우를 수출하는 한 중국 업체
는 새우에서 항생물질의 일종인 클로람페니콜 0.2그램이 검출되어
1,000톤의 새우를 전량 폐기하고 회사가 문을 닫고 말았는데, 그 일
은 사소하고도 우연한 사고에서 비롯되었다. 새우 껍질을 까는 과

정에서 껍질에 찔린 작업자가 상처에 연고를 바르고 장갑을 끼지 않은 채 맨손으로 다시 작업을 하면서 연고의 성분이 검출된 것이다. 발생할 확률이 50억 분의 1에 해당할 만큼 아주 작은 문제였지만, 회사는 결국 막대한 손실을 입고 말았다.

작은 문제를 해결해 성공한 사례도 있다. 대만의 재벌 포모사의 왕융칭(王永慶) 회장은 쌀가게로 사업을 시작했다. 쌀을 도정하는 정미소 근처에 쌀가게들이 밀집해 있었는데 당시 젊었던 왕융칭에게는 정미소 근처에 가게를 얻을 돈이 없었다. 어쩔 수 없이 정미소에서 멀리 떨어진 구석진 곳에 가게를 얻었고, 장소의 접근성이 떨어져서 사람들이 잘 오지 않았다. 힘들게 도시에 올라와 사업에 뛰어들었다가 망하게 될 판국이었다. 이는 당시의 왕융칭에게 찾아온 큰 문제였다. 이때 왕융칭은 질문을 던졌다.

"어떻게 하면 쌀을 팔 수 있을까?"

그리고 그는 다른 사람의 문제에서 해답을 찾을 수 있었다.

당시에는 쌀을 바닥에 놓고 말렸기 때문에 돌들이 쌀에 들어갔고 밥을 먹을 때마다 돌이 많이 씹혔다. 여기서 착안하여 그는 고향에 있는 동생들을 불러들여 쌀에 섞인 돌을 골라내게 했다. 돌을 씹지 않게 된 고객들은 만족스러워했고, 왕융칭의 쌀은 날개 돋친 듯이 팔려나갔다. 거기서 끝이 아니었다. 쌀 업계 처음으로 배달 서비스를 시작했다. 마을 사람들의 가족 수에 맞게 쌀독의 크기를 기록하고, 쌀이 떨어질 때쯤 쌀을 들고 나타났다. 쌀을 사면 쌀독을 깨끗하게 씻어주고 새 쌀을 먼저 넣고 묵은 쌀을 위에 올려주었다. 왕융칭의 쌀가게는 점점 늘어났고 나중에는 그 지방의 모든 쌀가게를 인수하게 되었다 그리고 나중에는 정미소마저 사버렸다. 결국 그는 대만 최고의 부자가 되었다.

왕융칭 회장은 양복 한 벌을 20년 동안 입고 목욕용 때수건 한 장을 30년간 쓸 정도로 검소했다. 매일 새벽 2시에 일어나 명상하고 운동할 정도로 자기 관리가 철저했으며, 죽기 전에 자신의 전 재산 9조 원을 사회에 기부하고 존경받는 기업인이 되었다.

왕융칭 회장은 자신의 문제를 해결하려고 했지만, 결국 그 해답은 다른 사람의 문제를 해결해주는 것에 있었다. 창업가에게는 문제 해결 능력이 필수다. 문제 해결 능력이 있는 창업가에게 문제는 드디어 찾아온 행운일 뿐이다. 사람들은 왜 자신에게만 이런 문제가 찾아오느냐고 불평한다. 창업가를 비롯해 많은 성공한 사람들은 문제를 통해 성장하고 성공한다. 당신에게 찾아올 어마어마한 행운을 기꺼이 받아들일 준비가 되었는가?

나의 진정한 경쟁자

학교에 가면 아이들은 듣고 외우고 시험을 보고 잊어버리는 주입식 교육을 받는다. 시험 성적이 자기 자신이라도 되는 양 시험 성적에 따라 평가받는다. 이렇게 반 순위가 매겨지면, 옆에 있는 친구가 경쟁자로 보인다. 진짜 경쟁자가 누구인가? 바로 나 자신이다. 항상 과거의 자신과 미래의 자신과 경쟁하며 최고의 하루를 보내며 최고의 내가 되기 위해 노력하는 것이 중요하다.

하지만 시험과 학원 위주로 공부하면 인간의 본성인 이기심을 키우게 된다. 그 이기심으로 스스로를 더욱 나락으로 빠뜨리고 행복한 삶의 방향도 잃어간다. 이런 아이들을 생각하면 가슴속 무언가 터지는 듯한 느낌이 든다. 남을 사랑하고 도와주는 것이 진정 나를 위한 길이다. 한국 사람이 한국을 알기 위해서는 미국에 가봐야 한다. 일본, 중국에 가봐야 한다. 한국이라는 틀을 벗어났을 때 당연한 것이 당연한 것이 아니게 될 때, 다름을 발견하고 그 다름에서 나를 발견할 수 있다.

사람도 다른 사람의 인생을 통해 자신을 바라본다. 남을 보지 못하니 나를 바라볼 수 없는 것이다. 물론 남을 위해서 자신의 많은 것을 포기하는 것도 옳지 못하다. 나를 사랑하지 않으면 남을 사랑할 수 없다. 한국 부모들은 자식의 성적을 자신의 성적이라고 생각하는 경우가 많다. 자식의 성적은 부모의 성적이 아니다. 자식의 성공은 부모의 성공이 아니다. 훈련을 통해 자녀와의 관계지수를 0센티미터로 만든 부모 밑에서 자란 아이들은 자신의 모든 재능과 가능성을 발휘할 확률이 높다. 아이들은 부모의 뒷모습을 보고 자라기 때문이다.

성공과 행복은 어디서 오는가?

성공의 행운과 삶의 행복은 타인으로부터 온다. 나에겐 너무나도 쉬운 일이지만, 다른 사람에게는 너무나도 어려운 일이 있다. 타인의 도움이 절실한 사람을 찾아 내가 가장 잘하고 좋아하는 것으로 도와줄 수 있다면 그것은 일(job)이 된다. 일을 통해 우리는 삶의 재능을 발현할 수 있다. 손흥민, 김연아, 빌 게이츠 모두 자신의 집에서 유명해지지 않았다. 자신의 일을 통해 유명해지고 많은 사람들에게 영향력을 미쳤다.

단순히 나의 재능을 통해 남을 돕는 수준을 벗어나 타인의 문제를 해결해줄 수 있다면, 그것은 사업이 된다. 그 문제를 해결하기 위해 기꺼이 대가를 지불할 고객들이 생기기 때문이다. 사업을 성공시키기 위해 많은 요소가 필요하지만 그 어떤 것도 고객을 떠나서는 방향성이 성립되지 않는다. 대기업 회장님 위에 고객이 있다. 아무리 거대한 기업이라도 고객이 선택해주지 않으면 망하게 될 뿐이다. 이기심을 넘어 '이기적 이타심'으로 타인에 대한 생각을 하는 마음이 기본이 되어 있어야 사업을 원활히 유지할 수 있다.

나를 넘어 타인에 대한 질문을 할 수 있을 때 새로운 삶의 방향이 정해지기 시작한다. 이것은 비단 창업가뿐 아니라 일을 하는 데 기본이 되는 생각이다. 사업에서 고객은 내부 고객과 외부 고객으로 나눌 수 있다. 회사에서 일하는 직원들이 '내부 고객'이고 제품이나 서비스를 구매하는 사람들은 '외부 고객'이다. 내부 고객을 만족시키기 위해 월급을 많이 주는 것도 방법이지만, 복지 혜택도 중요하다. 직원들에게 많은 복지 혜택을 주면 좋겠지만, 항상 비용과 가치와 성과를 끊임없이 저울질하며 의사 결정을 하는 것이 창업가의 역할이다.

기회를 발견하는 질문하기

"최근 불편한 경험을 한 적이 있는가?"

"불편함을 개선할 수 있는 방법을 20가지 뽑아본다면 무엇이 있을까?"(아주 사소하고 엉뚱한 아이디어도 좋다)

"성공하는 가게는 어떤 이유로 고객이 몰릴까?"

"직원에게 해줄 수 있는 최고의 복지는 무엇일까?"(《이기는 습관》의 전옥표 대표는 '지독한 훈련'이라고 했다)

"어떤 회사를 만들고 싶은가? 그런 회사를 만들기 위해 중요한 것은 무엇인가?"

"우리 회사에 오는 고객들이 어떤 기분을 느끼면 좋겠는가?"

"현재 업계 1위를 넘어 최고가 되기 위해 어떤 시스템이 필요한가?"

"100년 동안 회사가 지속되기 위해서는 어떤 것을 해야 할까?"

"매출을 10배 올리려면 어떤 일을 우선순위에 두어야 하는가?"

스탠퍼드대학교에서
인간을 탐구하는 이유

사람을 탐구하는 수업

스탠퍼드대학교에서 가장 인기 있는 강연들은 무엇일까? 사람에 대한 공부를 하는 강연이다. 우리나라에서도 베스트셀러에 오른 《인간을 탐구하는 수업》에서는 스탠퍼드의 경쟁력을 만든 명강의들만 모아서 책으로 출간했다.

스토리, 마케팅, 혁신, 사내 정치, 리더십, 대화술, 협상술, 전략, 마음에 대한 강연들이 있다. 이 강연들을 통해 사람들은 어디에 반응하는지, 어떻게 사람들에게 이익을 줄 수 있는지 배운다. 또한 인간의 힘을 단련할 수 있는 것들을 배워간다. '인간이 해야 할 일은 무엇인가? 인간만이 가능한 일은 무엇인가?'를 심도 있게 고민하며 인간에 대한 공부를 한다.

타인에 대한 공감 능력을 키우기 위한 공부도 빼놓지 않는다. 인간은 이기적이다. 나의 이익을 위해 행동하는 것이 인간이다. 하지만 나의 이익을 지키기 위해 남이 필요하다는 사실을 알아야 한다. 남 역시 이기적이기 때문에 본인을 이용한다고 생각하거나 진심이 아니라고 느껴진다면 나를 자연스럽게 멀리할 것이고 이렇게 되면 나의 이익을 추구하기 어렵다. 그렇다고 남을 위해 나에게 맞지 않은 옷을 입는 것도 의미가 없다. 나의 반응점을 찾아서 남에게 어떤 이익을 줄 수 있을지 고민하고, 이를 통해 나의 이익을 추구해가는 것이 일반적인 인간의 모습이다.

사람에게 전달되는 스토리

자신의 브랜드를 고객에게 전달하기 위해 스토리를 사용하면 더 효과적인 마케팅을 할 수 있다. 하지만 이 스토리가 진실되지 않으면 고객은 오히려 그 브랜드를 맹렬히 싫어하게 된다. 브랜드에 대한 스토리가 재미있고 믿을 수 있으면 사람들은 그 브랜드를 사고 싶어 한다.

정직은 개인과 기업에게 가장 큰 경쟁력 중 하나다. 타이레놀에 어떤 사람이 독극물을 넣었을 때, 존스앤존슨은 1억 달러를 들여 전 제품을 회수하고, 사립탐정을 고용해서 철저히 진상 조사를 한 뒤 독극물이 든 타이레놀이 하나도 없는 것을 확인하고 나서야 다시 시장에 내놓았다. 이때 일화가 타이레놀에 믿을 수 있는 이미지를 심어주었고 지금도 가장 안전한 해열 진통제로 알려져 있다.

스탠퍼드 경영대학원 수업에서는 세상에는 시장에 출시해도 좋은 제품, 출시해서는 안 되는 제품 두 종류만 있고 그 중간은 없다는 것을 철저히 반복해서 가르친다. 정직을 넘어서는 마케팅을 할 때 고객에게 이야기했던 가치가 실제로 고객에게 구현될 수 있는가를 꼼꼼히 따져본다. 교수가 정답을 알려주는 것이 아니라 학생들 스스로 판단할 수 있는 역량을 키워준다.

스탠퍼드의 직원 공부

'어떻게 하면 고객과 직원 모두 행복한 기업을 만들 수 있는가?'

이것은 창업을 하는 사람이 최우선에 두어야 할 고민이다. 청소하는 직원이 1시간에 얼마만큼 청소할 수 있느냐가 아니라 1시간에 얼마만큼 고객에게 도움이 될 수 있느냐를 고민하게 한다면 일을 하면서도 의미를 찾을 수 있다. 직원들에게 자신의 업무가 어떤 식으로 세상에 도움이 되는지를 이야기해준다.

상사가 과하다 할 만큼 칭찬을 해주는 문화 사례를 공부한다. 장시간 야근을 하는 직원의 집에 고마움의 표시로 꽃을 보내는 사례, 직원이 휴가를 내기 전에 '열심히 일해주어 고맙다'는 메시지와 선물을 보내는 사례 등을 배운다.

직원의 의욕을 높이는 문화를 통해 이직률을 업계 평균의 3분의 1로 낮추고, 매출을 3배로 늘린 호텔의 사례를 보면서 스스로 창업가가 되었을 때 어떤 조직 문화를 만들어가야 하는지 방향성을 잡게 된다. 연봉이나 소속감 같은 기본 욕구뿐 아니라 자아실현 같은 고등한 욕구까지 채워줄 수 있는 회사를 만들겠다는 꿈을 꾼다. 회사의 철학을 만들기 위해 무던히도 공부하고 사색한다.

사우스웨스트 항공은 '마음이 담겨 있지 않으면 단지 기계 덩어리가 움직이고 있을 뿐이다'라는 슬로건을 가지고 있다. 창업자 허브 켈러허(Herb Kellerher)는 사람을 운반하는 일을 넘어서 여행객을 진심으로 대하는 서비스를 진짜 일로 생각하는 회사 문화를 만들었다. 이러한 문화로 미국 국내선의 혁명을 일으켜 46년 동안 흑자를 기록한 이 회사를 공부하며, 회사 전체가 하나의 공동체로서 깊은 신뢰 관계를 가질 수 있는 많은 방법을 고민한다.

4조 7천억 원에 회사를 매각하고 성공한 창업가로 유명한 배달의민족 김봉진 대표는 회사 초기에 직원의 만족도를 높이기 위해 회사에서 무엇을 해줬으면 좋겠냐고 직접 물어보았다. 높은 연봉이나 학자금을 요구할 거라는 예상과 다르게 직원들은 사원증 목걸이를 가지고 싶다고 했다. 젊은 사람들은 광화문에서 사원증 목걸이를 걸고 다니는 로망이 있었다. 김봉진 대표는 디자이너 출신답게 개인마다 디자인이 다른 사원증 목걸이를 제작해주었다. 자신만의 사원증을 받은 직원들은 자신의 마음을 알아주는 대표의 마음을 느끼고 행복해했다.

사업가의 대화 기술을 연습한다

스탠퍼드에서 30년 넘게 학생들을 가르치고 있는 어빙 그로스백(Irving Grousbeck) 교수의 커뮤니케이션 강의는 스탠퍼드 경영대학원의 인기 강의 중 하나다. 일반 커뮤니케이션이 아니라 해고, 소송, 배신 등 창업가가 만날 수 있는 극한 상황에서의 대화술을 철저히 배우고 연습한다. 그로스백 교수는 콘티넨털케이블비전을 창업해서 성공한 기업가이자 NBA 농구팀 보스턴 셀틱스의 전 구단주이기도 하다. 현장의 노하우와 대학의 지식을 조합한 그의 강의는 스탠퍼드 학생을 현장에도 강한 창업가로 만드는 데 큰 도움을 준다.

창업을 하면 가슴 뛰는 좋은 일이 많이 있지만, 마주하기 싫은 일도 많다. 그중 대부분이 '대화' 때문에 생기고 또 대화로 해결된다. 장황하게 말하는 것이 아니라 간결한 말에 권위를 실을 수 있다는 것을 가르친다. 강의 실습 시간에 회장의 일에 사사건건 참견하는 이사장과의 갈등을 주제로 두 학생이 역할을 정해서 대화한다. 약속을 잡을 때는 어떻게 해야 하는지 대화에서 어떤 부분이 잘못되었는지 어조까지 세세하게 코치한다.

상사에게 불만을 말하고 싶을 때 서로의 관계부터 점검해보라고 알려준다. 신뢰 관계가 형성되지 않은 상태에서 상사에게 불만을 이야기하는 것은 매우 위험한 행위라고 현실적인 조언도 서슴지 않는다. 한국 사람은 정에 약하기 때문에 대부분 타인에게 좋지 않은 이야기를 하는 것을 싫어한다.

만날 때가 있으면 이별할 때가 있듯이 함께 웃으며 일한 사람을 해고해야 하는 상황에 놓이면, 정말 마음이 찢기는 것 같은 고통을 느낀다. 어제까지 웃으며 한 약속들이 물거품이 되어버린 상황에 어떻게 대처해야 하는가? 계약 직원에게 계약 종료를 이야기할 때는 구체적인 사유를 말해야 한다. 우선 해고하려는 사람에게 해고를 하는 이유가 무엇인지, 문제점을 개선하면 다시 한 번 기회를 줄 수 있는지 물어본다.

해고를 통보할 때도 갑작스럽게 하는 것이 아니라 미리 면담을 해서 "다른 직원에게 실례되는 행동을 하는 것, 잦은 지각, 불량한 복장으로 회사에 오는 것은 문제입니다. 계속 이 회사에서 활약하기 위해서는 이러한 근무 태도를 개선해주셨으면 좋겠습니다"라고 이야기한 뒤 본인이 태도를 고치면 계약을 연장하고 몇 번을 말해도 고치지 않으면 "애석하지만 계약을 종료하겠습니다"라고 이야기해야 한다. 갑자기 "해고입니다"라고 이야기하는 것은 부당하다. 장밋빛 미래만을 이야기하며 현실에서 성장하지 못하는 직원과의 계약 종료를 매너 있게 이야기하는 것도 훈련이 필요하다.

사람 한 명 잘못 들어와서 문을 닫은 회사들이 많다. 사람 하나에 회사의 운명이 살아나기도 한다. 그 회사가 위기를 넘어 얼마만큼 성장하느냐에 따라 작은 훈련이 실제 사업을 할 때 얼마나 큰 도움으로 돌아올지는 사람에 달렸다. 나중에 1조짜리 유니콘이 될 스타트업이 오늘 작은 분쟁과 커뮤니케이션에 넘어져 헤매거나 폐업하는 일도 허다하다. 적어도 스탠퍼드에서 인간을 탐구하는 수업을 들은 창업가들은 그 위험을 이겨낼 지혜를 훈련하지 않을까?

창업의 근간을 이루는
스토리텔링 능력

창업은 무엇인가?

창업이라고 하면 어떤 생각이 드는가? 예전에는 창업을 해서 실패하면 패가망신한다는 말이 많았다. 요즘은 실리콘밸리식 창업 프로그램이 많이 생겨서, 실력만 좋다면 아이디어와 팀을 가지고 투자자를 구해서 큰 자기 자본 없이 창업이 가능한 시대가 열렸다. 단, 투자를 받기 위해서는 창업 프로그램에 참여해서 내 아이템을 투자자나 전문가들에게 매력적으로 어필해야 한다.

어떻게 하면 내 아이디어나 아이템이 전문가들에게 기회로 비칠 수 있을까? 빛나는 수익성, 멋진 목소리와 스피치 기술도 중요하지만 투자자의 마음의 빗장을 여는 가장 강력한 무기는 스토리다. 특히 아이템과 연관 지을 수 있는 창업자의 삶에 관련한 스토리가 있다면 듣는 사람으로 하여금 더욱 큰 신뢰를 줄 수 있다. 기업의 안전에 대한 강연을 들은 적이 있다. 강사로서 외모가 중요할 법도 한데, 얼굴과 손에 화상 자국이 있었다. 자신이 대기업에 다닐 때 안전 불감으로 화상을 입었고, 이런 사태를 막기 위해 이렇게 강연을 한다고 이야기했다. 진부한 안전의식 고취에 대한 내용이었지만, 그 강사의 스토리는 10년이 지난 지금도 정확히 기억하고 있다.

스탠퍼드 경영대학원 마케팅학과 교수로 명강의 '비즈니스에서 스토리가 발휘하는 힘'을 가르치고 있는 제니퍼 아커는 스토리의 효과를 세 가지로 이야기한다.

첫째, 스토리는 소비자에게 이유를 제공한다. (마케팅)
둘째, 스토리는 혁신의 지침이 된다. (혁신)
셋째, 스토리는 직원의 의욕을 자극하는 데 가장 효과적이다.
　(리더십)

성공한 프랜차이즈에는 그들만의 스토리가 있다. 스토리는 철학이 되고, 제품과 인테리어, 서비스로 구현되어 고객에게 전달된다. 사람들은 자신들이 체험하는 서비스에 담긴 철학에 환호하고 그 회사가 철학을 잃어버린 서비스를 제공한다면 쉽게 등을 돌린다. 스토리는 그 사업의 이유(why)를 이야기해주는 것이다. 왜 이 제품을 구매해야 하는지, 기능을 넘어 감성으로, 진심을 담은 스토리와 함께 가치를 증명하는 것이다.

190

기업은 시그니처 스토리가 필요하다

지금 세상은 그 어느 때보다 빠르게 발전하고 움직이기 때문에, 새로운 가치의 변화가 많이 생겨난다. 기술의 발전과 경제 문화의 흐름에 따라 매년 트렌드와 사람들의 사고방식이 바뀐다. 효율에서 감성으로, 감성에서 재미로, 회사에서 개인으로, 개인에서 의미로, 끊임없이 변해가는 가치들 속에서 고객에게 공감할 수 있는 스토리와 함께 제품과 서비스를 제공할 수 있다면 고객은 움직이고 사업의 성장 동력이 생긴다.

제니퍼 아커는 기업을 대표하는 시그니처(signature) 스토리가 필요하다고 한다. 스토리는 브랜드 인지도 확장, 이미지 상승, 고객과의 관계를 구축하는 전략의 원천이다. 시그니처 스토리는 재미, 신뢰, 매력 세 가지 특징을 모두 가지고 있어야 한다.

샤넬, 에르메스 등의 명품들은 각자의 스토리를 제품 디자인으로 구현했다. 스토리와 디자인에 공감하는 사람들은 제품에 열광하며 일반 가방의 수십 배에 달하는 비용을 기꺼이 지불한다. 디자인은 어느 회사나 할 수 있다. 하지만 디자인에 스토리로 철학을 넣은 것이 명품이다.

"학창 시절 선생님과 부모님의 말씀을 진리라고 생각하며 순종했던 두 아이가 있었습니다. 어른이 되어서 고된 사회생활을 겪으며 생각 없이 따르는 것이 결코 성공하는 방식이 아니라는 것을 깨닫게 되었습니다. 이 둘은 부부가 되었고 스스로 생각하고 자율적으로 살아내는 힘을 기르는 리더를 만들어내기로 결심합니다."

우리 회사의 스토리다. 스토리는 처음부터 완벽하게 만들 필요 없다. 우선 만들고 수정해가면서 계속 발전시키면 된다. 확실한 것은 이 스토리들이 고객이나 투자자들에게 공감을 줄 수 있도록 제품이나 서비스로 구현한다면 사업을 론칭할 수 있다는 것이다.

마케팅의 아버지 필립 코틀러는 《마케팅 4.0》에서 고객들이 자아실현의 욕구로 제품을 구매한다고 이야기한다. 그리고 고객들은 서로 연결되어 있어서 기업과 제품, 브랜드에 대한 생각과 정보를 적극적으로 공유한다. 기술의 발전으로 새로운 경험을 창조하는 하이테크는 아날로그 감성으로 마음을 움직이는 하이터치를 필요로 한다. 사람들의 라이프 스타일이 다양해지면서 다양한 가치 스펙트럼이 생기고 이 스펙트럼을 삶에서 실현할 수 있는 제품이나 서비스를 구매한다. 기업이 해야 할 일은 자신들의 제품이나 서비스를 통해서 라이프 스타일을 성공적으로 구현할 수 있도록 도와주는 것이다.

라이프 스타일을 파는 커피숍

스타벅스에서는 가장 맛있는 커피를 팔지 않는다. 스타벅스는 럭셔리 라이프 스타일을 실현할 수 있도록 집과 일터 말고 제3의 공간을 제공한다. 최고의 커피를 만들기 위한 노력보다 최고의 서비스를 실현할 수 있도록 다양한 이벤트를 펼친다. 고객들은 스타벅스에서 자신의 라이프 스타일을 실현하고 제품과 서비스에 대한 정보를 적극적으로 공유한다.

언제부터인가 음식점이나 커피숍에 가면 먹기 전에 사진을 찍는 것이 관례처럼 되었다. 배가 고파서 음식이 나오길 목 빠지게 기다 렸다가 메인 메뉴가 나오자마자 젓가락부터 들이대면 일행들로부 터 따가운 눈총을 받는다. 가게에 좋은 이야깃거리라도 붙어 있으 면 사진으로 찍는 것이 너무나도 자연스럽다. 내 SNS에 올리면 자 연스럽게 이야기가 퍼져 나간다.

당신의 스토리는 무엇인가? 당신의 제품과 서비스가 이야기를 통해 전달되고 있는가? 어떤 새로운 스토리를 쓰고 싶은가? 그러려 면 무엇이 필요한가? 도표와 수익성 그래프가 아니라 의미와 재미 를 모두 잡은 스토리로 고객과 투자자의 마음속으로 들어가 보는 것 이 어떨까?

사람은 무엇으로
살아야 하는가?

미션 찾기

자신의 평생을 바쳐 몰입할 가치가 있는 목표를 찾아야 한다. 그 다음에는 목표를 관리하는 기술이 필요하다. 우선 당신이 살고 싶은 인생을 정의하자. 이것을 사명(mission)이라고 한다. 내가 태어난 이유는 무엇이고, 어떤 삶을 살아가고 싶은지를 정해야 한다. 내 삶에 의미가 있다고 생각하는 것, 내가 공헌하고자 하는 대상을 찾아야 한다. 그리고 그 대상에게 어떤 것을 줄 수 있는지 고민하는 것이 사명을 발견하는 첫걸음이다.

끊임없이 스스로에게 질문을 던지자. 내 삶에 무의미 했던 순간은 없다. 인생에서 가장 행복했던 순간, 보람을 느꼈던 일, 성취감을 느꼈을 때의 모습을 떠올려보자. 괴로운 기억도 도움이 된다. 게임에 빠져서 삶의 대부분을 허비했을 때도, 실패의 아픔도, 상처받았던 순간도 모두 의미가 있다. 매 순간 내 마음속에서 울리는 소리에 귀를 기울여야 한다. 그러면 당신이 원하는 것을 얻을 수 있을 것이다. 사명을 정의하기 어렵다면 우선 그냥 자신이 일생에 걸쳐 어떤 사람으로 살고 싶은지 생각해보자. 그것을 써서 벽에 붙여놓고 읽다가 마음에 안 들거나 추가하고 싶은 것이 있으면 바로 고치자.

비전 찾기

미션을 정의하고 나면 그 미션을 이루기 위해 어떤 것들이 필요한지 적어보자. 내 삶의 이유와 방식을 정했다면, 그것을 세상에 구현하기 위해 무엇을 이루어야 하는지 적으면 된다. 책 출간하기, 사업체 운영하기, 대회 우승하기, 대학교 입학하기, 박사 학위 취득하기, 재단 만들기, 자선단체 후원하기 등을 적어보자. 날짜를 적어서 데드라인을 정해놓으면 로드맵을 만드는 데 큰 도움이 된다.

언제까지 무엇을 이루기 위해 내가 지금 준비해야 할 것들을 알고 있는 것과 모르는 것은 큰 차이가 있다. 내 삶에서 크게 이루어야 할 것들은 무엇이 있는가? 그것을 통해 이루고자 하는 것들은 무엇인가? 미션과 비전이 확고하게 정해져 있다면 큰 방향성이 정해지는 것이므로 삶에 큰 흔들림이 없다. 물론 내가 성장하고 생각이 바뀐다면 언제든 고쳐도 된다. 머리로 생각만 하지 말고 글로 적어서 내 꿈을 이루는 한걸음을 내딛도록 하자.

평생 계획 세우기

10대부터 90대까지 10년 단위로 칸을 만들어서 나이대별로 이루어야 할 것들을 적어보자. 앞에 만들어놓은 비전을 언제 이룰 것인지 먼저 적고 그에 맞춘 세세한 계획을 세우는 것이다. 받고 싶은 연봉, 결혼은 언제쯤 하고 싶은지, 언제 부모가 되고 싶은지, 해외여행은 1년에 몇 번 어디로 가고 싶은지, 봉사활동은 어떤 것을 하고 싶은지 집은 언제 마련하고 싶은지, 강남에 아파트를 사고 싶은지, 전원주택을 지어서 살고 싶은지 등 자세히 적는다.

책은 얼마나 읽을 것이고 몇 권이나 출간하고 싶은지, 강연을 하고 싶은지, 저술가로 머물 것인지, 박사 학위를 따고 싶은지 적어보자. 기억하자. 성장은 75세까지 가능하다.

연간 계획 세우기

사명, 비전, 평생 계획이 중장기 계획에 속한다면 연간 계획부터는 단기 계획이다. 단기 계획은 장기 계획과 다르게 구체적으로 세워야 한다. 측정 가능하고 달성 가능하고 결과 중심적으로 시한을 정해서 올해의 목표를 만들어보자. 일, 가정, 신앙/사회봉사, 취미, 자기계발 등 여러 분야에서 올해 이루어야 하는 것들을 적어보자. 평생 계획과 비전, 미션을 참고하여 올해의 방향성을 정한다.

이 책을 12월에 읽고 있다면 내년 계획을 세우고 그 이전이라면 올해 계획부터 세워보자. 올해의 목표가 정해졌으면 그것을 이루기 위한 실천 방법을 정해보자. 3킬로그램 감량이 목표라면 헬스장 주 3회 가기, 주 1회 간헐적 단식하기, 키토제닉 식단 짜기 등등 방법을 적어보자. 방법을 정했으면 언제 해야 하는지 시간 계획도 세워보자. 월·수·금 오전 6~8시 헬스장을 간다든지 확실한 시간 계획까지 세워보자.

월간 계획 세우기

연간 계획을 나누면 월간 계획이 된다(2월은 일수가 다른 달보다 적으니 목표를 약간 낮추고 8월, 9월쯤에 약간 높이자). 달력에 목표를 적어놓자. 매일 보는 달력에 내가 적은 목표가 있느냐 없느냐는 큰 차이를 만든다. 매일매일 나의 목표를 보고 사는 사람과 그냥 목표 없이 사는 사람은 방향성이 있느냐 없느냐의 차이다. 우리 삶의 속도가 중요하다고 생각하는 경우가 많지만, 결국 속도는 방향이 정해져야 의미를 갖는 법이다.

주간 계획 세우기

월간 계획은 다시 주간 계획으로 나눈다. 주간 계획을 세울 때는 일주일이 한눈에 보이는 플래너를 펴놓고 목표를 월·화·수와 목·금·토·일로 나눠서 배치한다. 예를 들어 이번 주에 300페이지짜리 책을 읽어야 한다면, 월·화·수에 150페이지 목·금·토에 150페이지를 넣어서 3일 단위로 목표를 세운다(일요일은 가족과 함께).

이는 작심삼일 전략이다. 새로운 결심을 할 때 아드레날린과 코르티솔 호르몬이 분비되어 새로운 것에 대한 시도를 견디게 해준다. 문제는 이 호르몬들의 유효기간이 결심한 날을 기준으로 3일이라는 것이다. 3일 뒤에 다시 원래대로 돌아가려고 하는 뇌에게 새로운 목표를 주입하고 다시 결심을 해서 3일을 더 유지한다. 3일의 목표를 이루기 위한 단거리 달리기가 인생이라는 마라톤을 승리로 이끄는 전략이다.

자녀들은 이처럼 세세한 계획을 세울 필요가 없다. 한 해에도 몇 번씩 꿈이 바뀌는 아이들에게 목표를 향해 달리라고 이야기할 수 없다. 제복이 멋져서 경찰이 되고 싶다는 아이에게 경찰대학에 가는 로드맵을 함께 짠다면 계획을 세우다가 꿈을 포기할 수도 있다. 아이들은 중2까지는 신나게 놀아야 한다. 시간을 낭비하라는 것이 아니다. 해보고 싶은 것을 마음껏 해보며 이것저것 부딪혀보는 시간이 필요하다. 이것저것 꿈을 바꾸어가며 해보고 싶은 것을 실컷 해보며 신나게 놀다가 정말 하고 싶은 일을 발견하면 아이의 눈빛이 진지해지는 순간이 온다. 그때 함께 로드맵을 짜보도록 하자. 아이들이 순수한 동경으로 직업을 원할 때는 비전 선언문을 함께 만들어 외쳐보자.

비전 선언문 만들기

1. To be : 그 직업 앞에 수식어를 붙여본다. 되고 싶은 직업이 '경찰'이라면 '우리나라 최고로 정직한 경찰' 같은 수식어를 붙여보자. '대통령'이 되는 것과 '존경받는 대통령'이 되는 것은 그 삶의 모습과 과정이 다르다.

2. Whom : 그 직업을 통해 어떤 사람들에게 도움을 주고 싶은지 정한다. '우리나라 경찰이 꿈인 사람들에게', '우리나라 국민들은 물론 그 후손에게' 등등 자신이 하게 될 일을 통해 어떤 사람들에게 가치를 전달할 수 있는지 정해본다.

3. What : 2의 대상들에게 어떤 것을 해줄 수 있는지 생각해본다. '안심하고 살 수 있도록 지켜준다', '나라의 정의를 바로 세운다', '롤 모델이 된다' 등 직업을 통해 어떤 것들을 줄 수 있을지 생각해본다.

4. How to : 그 꿈을 이루기 위해 자신이 지금 해야 할 일을 정해본다. 지금 어떻게 살아야 그 꿈을 이룰 수 있는지 적어본다. '시간 관리를 한다', '독서를 한다', '운동을 한다' 등 오늘 노력해야 할 것 위주로 적는다.

1~4까지에 이름을 넣으면 완성이다. 이름, How to, Whom, What, To be 순으로 배열해서 문장을 만든다.

"나 강시후는 정직, 시간 관리, 독서, 운동을 통해 우리나라 경찰이 꿈인 사람들에게 롤 모델이 될 수 있는 우리나라 최고로 정직한 경찰이 된다."

"나 강환규는 하나님을 경외하고 예수님을 사랑하며, 세상 모든 사람들에게 크리스천 엘리트의 본이 되는 삶을 산다. 이를 위해 독서와 바인더를 통해 평생 성장하는 세계 최고의 강사가 된다."

이 문장을 집에 써놓고 하루 한 번 외치고 응원하다 보면 꿈을 이루는 습관을 들일 수 있다. 꿈이 바뀌면 언제든지 비전 선언문을 새로 쓰면 된다.

진짜 자본은
지폐가 아니다

해머를 들고 신차 소개 무대에 오르다

일론 머스크가 테슬라의 새로운 전기차 사이버트럭을 공개하기 위해 무대에 올라왔다. 미래에서 온 것 같은 디자인의 트럭이 등장하자 박수와 함성이 쏟아졌다. 그가 신차 발표 자리에 들고 온 것은 공사판에서나 쓰일 법한 해머다. 콘크리트 벽도 허물어버릴 수 있는 해머로 차문을 내리쳤지만 구김 하나 없다. 우주선에 사용하는 소재로 전기 자동차를 만들었다고 한다. 옆 자동차의 부주의로 문에 상처가 나는 일이 많은 한국에도, 총기 사건이 빈번한 미국에도 이렇게 튼튼한 차는 대환영할 만한 일이다. 고급 모델은 한 번 충전에 약 800킬로미터를 달린다. 서울과 부산을 왕복할 수 있는 거리다. 비록 막판에는 방탄유리가 해머에 깨졌지만, 이 자동차는 공개한 지 일주일도 안 되어 20만 대가 넘는 예약 판매를 달성했다.

전기차+픽업트럭+우주선(소재)이라는 아이디어의 융합은 테슬라에게 새로운 활력을 제공했고 현재 주가는 20퍼센트 이상 급등했다. 아이디어로 돈을 만든 것이다. 투자자는 그 회사의 현재 가치에 투자하는 것이 아니라 미래 가치에 투자한다. 그들이 가지고 있고 구현하고 있는 아이디어가 앞으로 시장성이 있고, 회사 자체가 매력적이라고 판단되어야 투자한다.

돈이 되는 아이디어

그렇다면 돈이 되는 아이디어는 어디에서 오는가? 사람들의 불만에서 온다. 사람들이 불평을 하는 곳에 아이디어가 있다. 많은 사람들이 불만을 이야기하지만 대부분 그 안에서 기회를 발견하지 못한다. 발견했다고 하더라도 아이디어를 통해 고객의 문제를 해결해 줄 수 있는 제품이나 서비스를 제공하는 사람은 더욱 드물다.

CEO가 자신만 좋다고 생각하는 제품과 서비스에 대한 아이디어는 의미가 없다. 고객 중심의 아이디어가 의미 있다. 에릭 리스(Eric Ries)는 많은 기업들이 시험 제품이나 아이디어만 가지고 시장이 있는지도 모르고 달려가는 경우를 보고 '린 스타트업(Lean Startup)'이라는 운동을 만들었다. 아이디어나 제품은 단순한 가설이고 끊임없이 검증하며 잠재 고객이 최종 제품을 결정해야 한다고 이야기한다. 완전하지 않은 아이디어라도 빨리 고객과 접촉시켜 고객의 피드백을 받고 수정하여 낭비를 줄인다. 고객에게 전달되는 아이디어만이 돈이 되는 아이디어다.

아이디어는 삶의 기술이다

아이디어는 신기루가 아니다. 아주 작은 것부터 내 삶을 개선하는 습관을 들이는 것이다. 혁신은 먼 곳에 있는 것이 아니고 등잔 밑에 있을 수 있다. 아이디어를 내는 것은 삶의 기술이다. 연습과 훈련을 통해 습관으로 만들어 아이디어를 내는 근육을 키울 수 있다.

좋은 아이디어를 내는 방법은 많은 아이디어를 내보는 것이다. 아주 사소한 아이디어라도 좋으니 하루에 10가지 아이디어를 내는 연습을 하자. 쓸모없어 보이는 아이디어도 괜찮다. 핵심은 매일 10개의 아이디어를 내는 것이다. 노트를 따로 만들어 내가 만드는 아이디어를 모아보자. 아이디어를 모을 때는 분야별, 사업별로 구분해야 한다. 마케팅 아이디어와 인사 관련 아이디어를 따로 모아야 한다. 이렇게 운영, 마케팅(유튜브 콘텐츠, 블로그 콘텐츠), 회사 철학, 회사 인재상, 생산, 고객, 프로젝트 등으로 아이디어를 모아서 누적시켜야 한다. 현재 상황을 개선할 아이디어가 나오면 예상 기대 효과와 실행할 날짜를 정해서 노트나 앱에 적어놓는다.

경험상 아이디어를 만드는 연습을 할 때 아날로그를 사용하는 방법과 디지털을 활용하는 방법 두 가지가 있다. 독창적인 아이디어가 떠오를 때는 주로 긴장이 풀렸을 때가 많다. 잠들기 전이나 아침에 샤워할 때 기발한 아이디어가 머리를 스치듯 떠오른다. 아이디어는 휘발성이 강하기 때문에 바로 어딘가에 적어야 한다. 잠들기 전에 떠오른 아이디어를 핸드폰에 적어도 좋지만, 블루라이트로 숙면에 방해되므로 잠자리 주변에 필기도구와 메모지를 두는 것이 좋다. 욕실에 핸드폰을 들고 가면 쓸데없이 머무는 시간이 증가하기 때문에 방수 메모 노트를 구비할 것을 추천한다.

영감을 얻기 위한 습관을 들일 때는 디지털 연결의 힘을 사용하는 것이 좋다. 핀터레스트(pinterest.com)를 사용해서 새로운 사업에 대한 이미지나 아이디어들을 모아놓는다. 자기 사업 이름으로 보드를 만들고, 그 보드 안에 사업에 쓰고 싶은 로고, 내부 인테리어, 캐치프레이즈 문구, 홈페이지 디자인을 포함한 모든 이미지들을 모아간다. 이미지를 모을수록 사업에 대한 모습이 구체화되고 모방 속에서 융합과 창조가 일어난다. 디지털이 주는 이점은 생각을 구체화할 수 있는 이미지 시각화가 가능하다는 점이다. 이미지를 데이터화해서 필요한 것들을 수집하고, 퍼즐 조각처럼 서로 연결하고 융합하면 아이디어 빅뱅이 일어나 이상을 현실화할 수 있다. 아이디어는 양과 질 모두 승부수를 걸어야 한다. 그럴 때 디지털과 아날로그를 융합하면 최강의 무기가 된다.

아이디어를 더 가치 있게 만드는 방법

아이디어를 실행한 후 매끈하게 다듬어가려면 피드백을 해야 한다. 기대효과(want), 실제 효과(get), 차이(gap), 개선점(do or don't) 네 가지 기준으로 피드백을 하면 양질의 아이디어로 만드는 담금질 효과를 볼 수 있다. 특히 비슷한 실행을 여러 번 해야 하는 경우에는 더욱 유용하다. 일반 사람들은 어떤 일을 시작할 때 준비-조준-발사의 단계를 거치지만 부자들은 준비-발사-조준의 단계를 거친다. 이것이 그들을 부자로 만들어준다. 머릿속 아이디어와 실행은 다르기 때문이다. 우선 실행해봐야 어떤 효과를 내는지 알 수 있다.

완벽한 아이디어는 없다. 완벽한 아이디어라는 말 자체가 모순이다. 모든 아이디어는 개선해야 할 아이디어다. 개선해야 할 점을 찾았느냐 찾지 못했느냐의 차이일 뿐이다. 고객의 효용의 효율적 극대화라는 모루 위에 아이디어를 올려놓고 실행과 피드백으로 끊임없이 내려쳐서 강철같이 강하고 칼처럼 날카로운 아이디어로 벼리는 과정이 필요하다. 이렇게 치열한 과정을 거친 아이디어들이 모여서 회사의 자본이 되고 이것을 진행하는 창업가의 세포 하나하나에 경험의 자본이 쌓인다.

회사를 홍보하기 위한 유튜브를 시작할 때도, 우선 하나의 영상을 올리고 시작하는 것이다. 마케팅을 위한 블로그를 하는 방법도 우선 하나의 글을 써서 올려보는 것이다. 강사가 되고 싶다면 우선 재능 기부부터 시작한다. 하나를 실행해보고 배우는 사람은 아무것도 모르고 시작하는 사람과 다르다. 책상 위에서 내는 아이디어와 현장에서 치열하게 부딪히며 내는 아이디어는 실용성과 효과성에서 큰 차이가 난다. 생각하면서 실행하고 실행하면서 생각한다.

불편함에 질문을 던져
창업의 기회를 찾는 방법

1조 개의 나무를 심게 된 질문

"왜 북극곰이 멸종되고 있을까?", "어떻게 북극곰을 살릴 수 있을까?"

지구 온난화로 인해 멸종되어 가는 북극곰을 본 아홉 살 소년 펠릭스의 질문은 지금 150억 그루의 나무를 심는 결과를 낳았다. 나무 한 그루는 50년 동안 3,400만 원어치의 산소를 생산하고 3,900만 원에 해당하는 물을 재생산하고, 6,700만 원에 달하는 대기오염 물질을 제거한다. 이를 150억 그루의 나무에 곱하면 펠릭스는 전 인류에게 공학용 계산기로만 계산할 수 있는 천문학적인 액수의 혜택을 선물한 셈이다.

북극곰을 향한 아홉 살 아이의 질문은 나무를 심어야 한다는 실천으로 이어졌고, 북극곰을 살려달라는 외침은 많은 사람들의 마음을 울렸다. 창업가가 해야 하는 일이 이와 비슷하다. 우선 고객에 대한 질문을 던지고 그에 대한 해답을 찾아가는 것이 사업이다. 그 질문에 동의하는 사람이 많아질수록 좋은 투자가, 좋은 고객, 좋은 직원이 함께한다. 결국 사업은 사람에 대한 일이기 때문이다.

CEO의 질문들

같은 프랜차이즈 매장이라도 맛과 서비스의 차이가 크다. 어떻게 하면 모든 매장에서 같은 수준의 서비스와 고객에게 더욱 나은 서비스를 제공할 수 있을까? 맥도널드는 560쪽에 달하는 매뉴얼로 전 세계 3만 개의 매장에 같은 크기와 비슷한 맛의 '빅맥'을 제공하고 있다. '빅맥 지수'라는 지표가 있을 정도로 전 세계 햄버거 시장을 장악한 맥도널드의 창업자 레이 크록(Ray Kroc)의 질문은 세계인의 햄버거라는 생각에 영향을 미쳤다.

어떻게 하면 싼 가격에 좋은 디자인의 가구를 공급할 수 있을까? 잉그바르 캄프라드(Ingvar Kamprad)는 이 질문을 던졌고, 가구 공룡 이케아가 탄생했다. 이케아는 고객에게 불편함을 판다. 직접 조립해야 하고, 직접 차에 실어 와야 하고, 직접 제품을 찾아서 픽업해야 하고, 직접 제품을 골라야 한다. 힘들게 가구를 장만하고 나면 왠지 애착이 가고 그 공간에 있을 때 행복감이 더해진다. 100개 이상의 이케아 제품을 조립한 마니아의 말이니 믿어도 좋다. 사무실 책상과 붙박이 선반을 제외하고 우리 연구실 모든 가구와 집 가구를 모두 이케아로 도배한 것은 그만한 이유가 있다.

잉그바르 캄프라드는 말했다.

"대중을 위해 더 나은 일상을 창조하라. 뛰어난 디자인과 우수한 기능의 다양한 제품을 가능한 많은 사람들이 사용할 수 있도록 낮은 가격에 제공해야 한다. 우리는 다수의 편에 서기로 했다."

잉그바르 캄프라드의 말에는 사람 중심의 사고가 들어 있다. 그 생각은 잉그바르 캄프라드를 세계 9위 부자에 올려놓았다.

단기간 비어 있는 집을 공유할 수 없을까? 수많은 종류의 책을 쉽게 살 수 없을까? 비어 있는 차를 공유할 수 없을까? 새벽에 식자재 배송이 되는 인터넷 쇼핑은 없을까? 핸드폰 앱으로 편하게 배달 주문할 수 없을까? 질문은 아이디어가 되고 아이디어는 비즈니스를 만든다.

내 안에 숨어 있는 사업을 찾아라

나도 질문이 있었다.

'왜 외국의 교육은 그렇게 좋다는데 한국 교육은 변하지 않을까?'

내 나이 마흔이 다 돼서, 내 아이가 초등학교 갈 때가 되니 걱정은 더욱 커졌고, 아이들이 변할 수 있는 교육 프로그램을 기획하게 되었다. 내가 만난 아이들은 긍정의 불이 옮겨 붙듯이 변하기 시작했다. 그런데 놀랍게도 일주일 뒤에 다시 만났을 때 다시 부정의 화신으로 돌아와 있었다. 마치 태엽이 풀린 자동차처럼 계속 변하지 않는 아이를 보며 교육에 대한 회의감이 밀려왔다. 어떻게 아이들의 변화에 가속도를 붙일 수 있을까? 내 교육에 질문을 던졌고, 수업이 끝나고 엄마와 30분씩 상담을 하기 시작했다. 그리고 부모의 문제가 아이에게 전달되고 있다는 것을 깨달았다.

자기계발 강사이기도 했기 때문에 어른들에 대한 코칭을 수업 후 1시간씩 진행했다. 엄마의 표정이 밝아질수록 더욱 밝아지는 아이의 표정을 볼 수 있었다. 내가 만난 많은 교육자들이 이야기했다. 아이의 문제는 부모의 문제라고, 부모를 바꾸지 않으면 아이를 바꾸지 못한다고. 교육자들의 말이 맞았다. 교육의 열쇠는 부모가 쥐고 있었다. 교육자는 교육하는 순간만 아이에게 큰 영향을 미칠 수 있지만, 그것을 유지하고 발전시키는 것은 오직 가족 문화에 있다.

자녀를 위해서라면 수백만 원도 아깝지 않지만 자신을 위해서는 만 몇천 원 하는 책 한 권도 사지 못하는 한국 부모의 삶을 바라보았다. 아이와 부모를 같이 교육하는 시스템을 '마주봄 교육'이라고 이름 붙이고 부모와 아이를 같이 교육하기 시작했다. 결과는 대성공이었다. 학교 선생님들이 놀랄 정도로 아이들은 드라마틱하게 변하기 시작했고, 그 변화들은 입소문을 만들어주었다. 그 흔한 간판 하나 안 붙이고 13기까지 교육이 진행되고 있다. 지금은 매뉴얼과 상표 등록을 마치고 프랜차이즈 사업을 준비하고 있다. 아이들의 성장과 변화에 대한 질문이 하나의 사업을 만들었다.

문제는 질문이 되고 질문은 기회를 잡는다

세상에는 많은 문제들이 산재해 있다. 아무리 작은 문제도 70억이라는 세계 인구수를 곱하면 큰 문제가 된다. 문제는 창업가의 질문이 되고, 창업가의 질문은 곧 기회가 된다. 새로운 상품과 기술은 계속 쏟아져 나오고, 라이프 스타일은 시대에 따라 바뀌고 순환한다. 변화는 문제를 만들고 문제에는 항상 기회가 있다. 불편함이나 어려움에 대한 질문을 던지는 것이 바로 창업 기회를 만들어내는 힘이다. 그 질문에 대한 해답을 찾아가는 과정이 사업의 길이다. 그 과정에 돈도 있고, 행복도 있고, 자기 삶의 실현이 있다. 학교에서 열심히 배운 정답이 사업 세계에는 존재하지 않는다. 그리고 정답이 없기 때문에 사업은 참 재미있다.

물론 장밋빛 미래만 있는 것이 아니다. 많은 문제와 고통과 고난은 내가 만들고 구현해내는 해답이 고객에게 도달할 때까지 계속될 것이다. 나를 좋아하는 사람이 많아지는 만큼 나를 싫어하는 사람도 많이 생긴다. 무던한 인내와 수고를 해도 효과가 없을 수 있다. 다만 그 모든 과정에서 배움이 있다면, 오늘도 세상을 뒤집을 사소하고 엉뚱한 질문 하나 던져보는 것이 어떨까?

학력 스펙 말고
경험 스펙

친구라는 이름의 경쟁자

수업 중에 중학교 2학년 제자에게 물었다.

"가장 싫어하는 과목이 뭐니?"

제자는 특유의 시크함과 무표정함으로 대답했다.

"과학요."

옆에 있던 초등학교 5학년 제자가 놀랍다는 듯이 눈을 동그랗게 뜨고 이야기했다.

"왜 과학이 재미없어? 완전 재미있는데."

다시 제자는 특유의 시크함에 단호함을 더해 이야기했다.

"실험을 안 해."

초등학교 5학년 제자 4명 모두 눈이 동그래지며 놀라워했다.

"진짜 실험 안 해?", "그럼 과학 시간에 뭐 해?"

초등학교 5학년들은 충격에 빠졌다. 로봇 공학자가 꿈인 제자는 세상을 잃은 듯한 표정을 지어 보였다.

중학교 1학년 자율학년제가 끝나자마자 아이들은 자신에게 이상한 숫자를 붙이기 시작한다. 전교 1등, 전교 60등, 반 1등, 반 20등, 수학 95점, 수학 50점. 처음부터 충격을 받는 친구도 있지만, 별거 아니라고 대수롭지 않게 여기는 친구들도 있다. 중간고사를 보고 집에 가니 엄마가 자기를 보는 눈빛이 달라졌다. 무언가 형언할 수 없는 불쾌감이었다. 사랑의 대상이자 세상의 전부였던 엄마의 목소리가 점점 듣기 싫어진다. 주위 아이들이 나를 대하는 태도가 달라지기 시작한다. 나를 바라보는 친구 부모님의 표정도 달라진 것 같다. 원하든 원하지 않든 자신이 중학교 수준의 학문을 이해할 수 있는지 없는지 여부에 상관없이, 대한민국에서 중학생의 신분이 되었다. 학생으로서의 본분이자 꿈과 이상을 이루기 위해 가장 잘해야 하는 것이 시험 점수를 잘 받는 것이 되어버렸다. 강환규 전교 100등이 아니라, 전교 100등 강환규가 되었다. 시험 성적은 어느샌가 자기 이름 위로 올라와 버렸고, 자신의 많은 부분을 보여주는 지표 같은 것이 되었다. 이렇게 중2를 넘어 중3이 되면 어느새 주위에 친구라는 이름의 경쟁자가 가득하다. 세상에 대한 궁금증으로 반짝이던 눈빛도 점점 빛을 잃어간다.

부모 교육을 할 때 가끔 우리 아이의 학교 등수는 전혀 상관없다고 하는 부모님이 계신다. 그런 분께 자주 던지는 질문이 있다.

"어느 날 아이가 전교 꼴찌를 하는 친구를 집에 데리고 왔습니다. 여러분은 진심으로 그 친구랑 내 아이가 계속 친해지길 바라시나요? 반대로 아이가 전교 1등 하는 친구를 집에 데리고 왔습니다. 어떠세요? 과일이라도 깎고 빵이라도 하나 더 대접해주지 않겠어요?"

아이가 전교 1등을 해서 대단한 것이 아니라 대단한 우리 아이가 전교 1등을 한 것이다. 우리 아이가 전교 꼴찌를 해도 대단한 우리 아이가 전교 꼴찌를 한 것이다. 점수는 결코 아이를 판단하는 기준이 되어서도 안 되고 될 수도 없다. 무한한 가능성을 지닌 우리 아이들을 어떻게 점수라는 하찮은 잣대로 판단하겠는가?

과거의 성공 신화에 매몰되다

내가 학생 때 선생님께 자주 들었던 이야기가 있다. 공부 안 하고 반에서 문제가 많았던 학생이 졸업 후 동창회에서 선생님을 보고 울면서 "선생님 그때 저를 한 대라도 더 때려서 공부를 한 자 더 했으면 이런 인생을 살지 않았을 겁니다. 공부 안 한 것이 너무 후회됩니다"라고 참회(?)했다는 이야기였다. 설마, 이런 이야기가 지금도 존재하리라 생각하는가? 오히려 부모님과 선생님의 강력한 권고에 의해 하고 싶었던 일을 다 참아가며 서울대에 합격해도, 취직이 안 되고 적성에 맞지도 않는 공부 때문에 무얼 해야 할지 몰라 배신감을 느낀다는 서울대생의 한탄이 방송으로 나오는 시대다.

우리 아이들도 불쌍하지만, 별다른 준비 없이 바뀐 세상을 맞닥뜨린 부모 세대도 불행하기는 마찬가지다. 분명히 부모 시대에는 성공한 방식이었는데, 이게 분명히 맞는 길인데……. 판도가 바뀌어버린 미래를 위해 과거의 공식으로 아이를 성공시키고자 하는 불안한 부모의 마음이 더욱 안쓰럽다.

새로운 성공 공식 경험

어느 날 중3짜리 아들이 아버지에게 비장한 표정으로 말했다.

"아버지 드럼이 너무 치고 싶어요."

아버지는 기다렸다는 듯이 이야기했다.

"그래, 그럼 드럼을 치거라."

학교를 그만두고 집 안에 연습실을 만들었다. 연습실에 박혀서 1년 동안 손에 피가 나도록 드럼을 쳤다. 자신의 모든 것을 걸고 드럼을 쳤지만, 음악가가 되는 길은 요원해 보였다.

1년이 지나 아들이 이야기했다.

"아버지 공부가 하고 싶어요."

아버지는 이번에도 기다렸다는 듯이 대답했다.

"그래, 그럼 공부를 하거라."

처음 가져본 꿈에서 절망을 맛보았기에, 1년 동안 인터넷 강의를 듣고 독서실에 살다시피 죽어라 공부를 했다. 공부의 기본이 안된 아이의 성적은 쉽사리 오르지 않았다. 역시 선행학습을 했어야

기본도 갖춰지고 성과도 났을 텐데 너무 늦은 일이었을까? 그래도 검정고시에 합격하는 작은 성공을 이루었다.

아이가 갑자기 또 이야기를 했다.

"아버지, 경호원이 되고 싶어요."

경호원이라……. 아버지는 생각지도 못한 이야기에 아들에게 물었다.

"그럼 어떻게 해야 하니?"

몇 달 동안 짬짬이 경호원에 대한 정보를 모아서 용인대학교 경호학과가 가장 유명하다는 것을 알아냈다. 경호학과에 합격하려면 공부뿐만 아니라 운동 실력도 필요하다는 것을 인터넷을 통해 알게되었다. 유도로 종목을 선택하고 지역에서 가장 유명한 전직 유도 선수를 찾아가 무조건 만나달라고 했다. 일찌감치 은퇴해서 여유롭게 삶을 보내고 있던 유도의 대가는 아이가 '크게 될 물건'이라고 생각하고 한 달에 한 번 봐줄 테니 근처 유도 도장에 다니라고 조언했다. 1년간 유도와 공부를 죽어라 준비한 아들은 용인대학교에 당당히 장학금을 받고 합격했다. 물론 스스로 간절하게 원해서 간 대학이기에 대학 생활 역시 뛰어나게 해냈음은 두말할 것이 없다.

주도적인 경험 스펙

위 이야기를 듣고 어떤 생각이 드는가? 소수의 몇몇 아이들의 이야기라고 생각하는가? 아니면 세상에 유일한 존재이자 귀중한 존재인 당신 아이의 이야기라고 생각하는가? 자기 생각대로 자기 삶을 만들어나가야 한다. 생각은 힘을 가지고 있다. 생각 자체가 물질이다. 생각을 하고 연필로 종이에 적으면 그 종이에 적힌 미세한 세계가 생각을 담은 흑연의 산이 쌓여 있는 실제가 된다.

일제강점기에 식민 교육으로 시작한 주입식 교육은 학원 주도의 공부와 만나 선행학습이라는 괴물을 낳았고, 이는 부모의 불안을 먹으며 무럭무럭 성장해 아이들의 생각과 부모 자녀의 관계를 파괴했다. 자기주도력은 단순히 아이의 모든 것을 허용한다고 이루어지는 것이 아니다. 사람은 너무나 평범해지기 쉽다. 최선을 다한 게 아니라면, 적당히 잘하는 것은 의미가 없다. 잘하지 못해도 최선을 다했다면 큰 의미가 있다. 1등을 넘어 최고가 되기 위해 최선을 다한다면 그 노력의 방향이 실력을 만들고 그것이 운과 만났을 때 큰 성공과 위대함을 함께 거머쥘 수 있다. 자신이 가장 아끼는 책이라며 3년 된 너덜너덜해진 악보집을 꺼내 내게 보여준 중3 학생의 빛나는 눈빛을, 우리나라 모든 중학생의 눈에서 볼 수 있기를 바라고 기도한다.

나만의 성장 계획을 가지고
끊임없이 성장하는 사람

"당신은 성장 계획을 가지고 있습니까?"

리더십 전문가 존 맥스웰(John C. Maxwell)은 《사람은 무엇으로 성장하는가》에서 이렇게 질문한다.

"당신은 성장 계획을 가지고 있습니까?"

사업은 위험의 연속이고 그 위험은 사업가를 성장시킨다. 나를 죽게 하지 못하는 문제는 나를 성장시킬 뿐이다. 물론 회사를 다닐 때도 많은 문제에 봉착하지만, 성과에서는 창업가만큼 간절한 사람이 있을까 싶다.

사장은 성과를 책임지는 사람이다. 아침에 눈을 뜰 때부터 밤에 잠들 때까지 성과라는 단어가 머리에서 떠나지 않는다. 오늘 나는 라벨을 제작하는 프로그램으로 제품마다 바코드를 제작해 포스기에 등록하고 바코드 결제 시스템을 만들었다. 이전에는 제품을 하나하나 계산해서 넣었는데, 지금은 바코드만 찍으면 바로바로 입력하는 시스템을 완성했다. 사무실 인원 누구나 매장에서 판매를 할 수 있도록 만들었다.

창업하기 전에는 강연을 준비해 청중 앞에서 연설하고 또 다른 강연을 위해 영업을 하는 것이 나의 주 업무였지만, 한 회사의 대표로서 내가 해야 하는 일의 범위는 생각보다 넓다. 재무, 회계, 인사, 기획, 마케팅, 구매, 판매, 영업 등 모든 영역을 혼자 진행해야 한다. 잠시 짬이 날 때나 약속 시간에 일찍 도착하면 책을 읽으며 자기계발을 하고, 퇴근해서는 아이들과 집중해서 놀아준다. 이렇게 하루 24시간을 분 단위로 쪼개고 나눠 써도 시간은 늘 모자라다.

매출이 점점 늘면 한 사람을 고용하고, 둘이 좌충우돌 부딪히다가 두 사람을 더 고용한다. 그러다가 서로 의견 충돌이 나거나 마음 상하는 일이 생기면 상대에게 실망하고 화내다가 둘 모두 회사를 나가버리고, 나는 다시 한 사람을 고용한다. 이런 일도 일상의 업무처럼 겪는다.

현재 나의 단기 목표는 우리나라에 지사를 50개 만드는 것이다. 이런 식으로 사장의 영역은 점점 넓어지며, 모르는 것을 알아가고 실행하는 삶에서 끊임없이 성장한다. 창업가의 성장은 멈추지 않는다.

문제에 질문을 던지는 사람

창업가가 성과에 대한 책임을 오롯이 져야 하는 상황에서 문제는 끊임없이 발생한다. 그 많은 문제를 해결하지 않으면 사업에 크고 작은 타격을 입을 수 있다. 더 심각한 문제는 문제를 발견하지 못할 때 발생한다. 문제가 있는데도 문제를 발견하지 못하면 사업은 영문도 모른 채 사라져버린다. 사업가는 문제를 발견해야 하고 문제를 해결해야 하는 운명에 처해 있는 사람이다.

재미있는 사실은, 불거진 문제는 해결할수록 문제를 해결한 사람에게 문제 해결 능력을 높여준 뒤 사라진다는 것이다. 그래서 처음 문제를 맞닥뜨렸을 때는 어려워도, 문제를 한번 해결하고 나면 이후부터는 쉬워지고, 심지어 그 문제로 인해 큰 기회를 만나 사업을 폭발적으로 성장시키는 계기를 만들기도 한다. 문제 해결 능력은 습관이자 기술이다. 질문에서 시작하고, 좋은 질문을 던질수록 좋은 답을 얻게 된다.

한국 아이들은 어릴 때부터 정답을 찾는 연습을 한다. 더 빨리, 더 정확하게 찾기 위해 연습하고 또 연습한다. 하지만 학교에서 배운 문제 해결 능력은 별 도움이 되지 않는다. 오히려 방해가 된다. 사업을 통해 맞닥뜨리는 문제는 정답이 없기 때문이다. 단지 수많은 해답이 있을 뿐이다. 그리고 그 해답을 누구보다 빨리 적용하고 개선하는 능력이 필요하다.

학원을 운영하는 데 원생 모집은 아주 큰 문제다. 우선 질문을 던져야 한다.

"어떻게 하면 원생을 모집할 수 있을까?"

대개는 이런 단순한 질문을 먼저 던질 수 있을 것이다. 그러나 마케팅을 배우면 "잘되는 학원은 원생 모집을 어떻게 하는가?", "잘되는 학원과 내 학원의 차이는 무엇인가?", "내가 해야 하는 것은 무엇인가?", "내가 하지 말아야 할 것은 무엇인가?", "지금 학원 시장의 끝은 어디인가?", "나는 어떤 가치를 가지고 시장의 끝을 뛰어넘을 수 있을까?", "그 가치를 어떻게 구현해야 할까?", "그 가치를 어떻게 고객의 언어로 표현할 수 있을까?" 등의 질문을 던질 수 있다. 그렇게 정해진 브랜드 정체성을 바탕으로 브랜드 네이밍과 슬로건을 정하고 비로소 홍보 방법을 결정하면 된다. 블로그, 인스타그램, 카카오 오픈톡 등 SNS를 사용할 수도 있고, 전단지, 대자보, 설명회 등의 오프라인을 활용한 홍보를 할 수도 있다. 지금 원생들에게 더욱 좋은 교육 서비스와 가치를 제공해서 입소문을 만드는 방법도 있다. 무엇이 더 효과적인지 정답은 정해져 있지 않다.

좋은 해답은 이 모든 것을 실행하는 것이다. 비용이 문제라면, 조달을 하거나 비용이 많이 들지 않는 것부터 시작하는 것이 좋다. SNS 마케팅을 할 때 처음에는 그냥 어설프게 시작한다. 그러다 마케팅 관련 책을 두세 권 사서 읽으면서 이를 실전에 적용하며 SNS 글을 올리면 고객 반응이 좋아진다. SNS를 보고 상담받으러 왔다는 사람이 하나둘 늘어가기 시작한다. SNS를 사용하는 능력이 점점 좋아진다. 정보 노출이 올라가고 원생이 늘어난다. 수업이 늘어난다. 점점 바빠진다. 이후에는 본격적으로 SNS에 글을 올리는 방법을 매뉴얼로 만들고 직원을 뽑아 그 일을 전담시킨다. 이런 식으로 사업은 문제를 통해 성장하고 이렇게 쌓인 마케팅 기술과 노하우는 2호점을 만들 때 그대로 적용해 성공을 이끈다. 가장 문제였던 원생 모집은 어느새 그 창업가의 가장 강력한 강점이 된다.

사람은 어디까지 성장할 수 있는가?

사람은 언제까지 성장할 수 있는가? 앞서 이야기했듯이 75세까지 성장이 가능하다. 아니, 그 이상도 가능할 것 같다. 대만의 자오무허웅은 75세에 배낭 여행, 93세에 병원에서 자원봉사, 95세에 대학원 입학, 98세에 석사 학위, 101세에 서예 개인전을 열었다. 미래의 당신은 세상을 바꾸는 사람이 될 수 있다. 그 시작은 오늘부터다. 작은 일의 소중함을 알고 하나하나 정성을 다해 오늘을 살아가는 것이다.

내가 일어나자마자 하는 가장 중요한 일은 이불을 정성껏 개는 것이다. 그 뒤 하루를 살아낼 힘을 내기 위한 몇 가지 습관적인 행동을 한다. 긍정문을 외치고 목표를 시상화하고 책을 읽고 아침 일기를 쓰고 간단한 운동을 하고 기도를 하고 명상을 한다. 아직도 나는 꿈을 꾼다. 세계 최고의 강사가 되는 꿈을. 토니 로빈스와 합동 강연을 하는 모습, 김미경 강사의 유튜브 방송에 초청되는 모습, 이지성 저자와 가족 독서 모임을 하는 모습, JYP와 JYP 사옥에서 밥 먹으며 꿈에 대해 대화를 나누는 모습, 하와이에서 아내의 꿈을 이뤄주는 모습……. 생각만 해도 너무나 행복한 순간이다.

아직도 나는 성장하고 있다. 강연이 끝나고 대학가 커피숍에서 새벽까지 글을 쓰고 있는 지금 이 순간이 최고의 순간이고 최고의 나다. 내가 될 수 있는 최고의 내가 되리라 결단했고, 다른 선택의 가능성은 잘라버렸다. 나에게 다가오는 어마어마한 행운을 기꺼이 받아들일 것이고 그 행운에 압도당할 것이다. 내가 이런 꿈을 이야기했을 때, 어떤 사람은 비웃을 것이고, 어떤 사람은 가슴이 뛸 것이다. 우리 모두 어린왕자와 같은 자신만의 별에 살고 있다. 그 별을 가꿀 수 있는 것은 나밖에 없다. 내 별에 살고 있는 아름다운 꽃에 물을 주고, 화산이 터지지 않게 잘 청소해주고, 꿈밭을 일구는 농부가 된다. 혹시 잘못된 습관이라는 씨앗을 잘못 심지 않았을까 잘 살펴봐야 한다. 그 씨앗은 바오바브나무와 같아서, 3개만 잘못 자라면 사람의 인생을 통째로 날리기도 한다. 하지만 봄에 대지에 심은 사랑스러운 씨앗들을 바라보듯이 황무지와 같은 내 별을 행복한 마음으로 바라보며 그 씨앗에게 행복의 노래를 불러준다면, 그 씨앗은 내 별을 넘어서 다른 별에도 본이 될 수 있는 참 아름다운 별이 될 것이라 확신한다.

나를 사랑한다는 것

"나를 사랑한다는 것은 끊임없이 나에게 성장하는 경험을 주는 것이다"라는 말이 있다. 성장하는 것은 무엇인가? 사람이 넓어지고 깊어진다는 것이다. 넓어진다는 것은 다양하고 많은 것을 받아들이는 것이고, 깊어진다는 것은 한 영역에 대한 깊은 생각과 전문성을 가지고 있는 것이다. 성장의 영역은 크게는 나에 대한 공부와 남에 대한 공부로 나눌 수 있고, 조금 더 자세히는 자기계발, 일, 가족, 인간관계(인맥), 사회봉사(종교)의 다섯 가지 영역으로 나눌 수 있다.

각자의 현재 역할에 대한 특별한 성장이 필요한 경우도 있다. 예를 들어 학생은 꿈(진로), 공부법, 건강에 관한 영역에 성장과 개선이 있어야 하고, 부모가 된다면 부모의 정체성과 가치관에 대한 공부, 부부 대화법에 대한 공부, 자녀 교육에 대한 공부를 필히 해야 한다. 창업가라면 어떤 공부를 해야 하는가? 삶의 문제들에 당당히 부딪히고 성장해야 한다. 당신은 당신만의 성장 계획을 가지고 있는가?

6장

창업 역량 3 :

부의 공식을 일으키는
'인풋'에서 '아웃풋'까지

인간에게 필요한
두 가지 아웃풋

경계에 서는 인간

서강대학교 철학과 명예교수인 최진석 교수는, 나로 살아가기 위해서는 '경계'에 서야 한다고 이야기했다. 여기서 '경계'란 지식을 머릿속에 집어넣기만 하는 것이 아니라 그 지식을 통해 내 안의 것을 끄집어낼 수 있는 인풋(input)과 아웃풋(output)의 경계를 의미한다. 평생을 시키는 대로 인풋만 해왔던 우리에게 아웃풋이란 시험 점수밖에 없었다. 취직 후에도 회사에서 시키는 대로, 기계 부품처럼 '나'를 상실한 채 자기 자리를 지키기 위한 일만을 해왔다. 아웃라이어 같은 소수의 몇몇 사람만이 책이나 강연을 통한 인풋으로 스스로를 성장시키며 성과를 내고 자신의 능력을 입증하며 비범한 삶을 살고 있다.

그렇다면 우리는 어떤 아웃풋을 만들어야 성과를 극대화할 수 있을까? 성과를 내기 위해 인간에게 필요한 두 가지 아웃풋은 말과 글이다. 창업가는 좋은 제품과 아이디어도 있어야 하지만 이를 투자자나 고객에게 말이나 글로 설명할 수 있는 능력도 필요하다. 실제로 실행이 안 되지만 되는 것처럼 보이는 프로그램으로 수억의 투자금을 손쉽게 유치하는 CEO가 있는 반면, 실제 고객도 존재하고 성장하고 있는 서비스를 가지고 있음에도 불철주야 투자자들을 만나러 다니는 CEO도 있다. 사내 커뮤니케이션을 할 때도 말과 글로 소통하기 때문에 말과 글의 능력을 향상하는 것은 창업가에게 아주 중요하다.

창업가는 말하는 실력을 높여야 한다

내가 처음으로 책을 읽기 시작했을 때 주변에서 가장 많이 들은 말은 말하는 것이 많이 달라졌다는 이야기였다. 34년간 책 한 권 제대로 읽지 않았던 나는 뒤늦게 자기계발서를 만나고 가슴에 불이 타올랐다. 단순히 책을 읽고 거기서 만족하지 않았다. 매주 토요일 오전 6시 45분에 서울에서 열리는 독서 모임 '양재나비'에 나가기 위해 새벽 5시에 일어나서 준비했다. 오매불망 기다리던 불타는 금요일 밤을 포기하고 일찍 잠자리에 들어야 했다. 50~60명이 한 공간에 모여서 자신이 일주일 동안 읽은 책 한 권을 가지고 자신이 깨달았거나 실천한 내용을 토론했다. 독서 모임에서 매주 읽기와 말하기의 경계에 선 지 5년이 넘었다. 이제 나는 매주 사람들 앞에서 읽은 책의 내용을 강연한다. 말하기 실력을 높이려면 양질의 인풋을 하고 그에 대해 많이 말해봐야 한다.

창업가는 상대방 중심으로 이야기할 수 있어야 한다. "인문 고전 하브루타 교육 회사를 경영하고 있습니다"라고 소개하는 것보다 "세계에서 가장 부유한 민족 유대인의 전통 교육인 짝을 지어 책 읽고 대화하고 토론하는 하브루타를 사람들에게 가르치고 있습니다"라고 이야기하는 것이 더 상대방 중심적 방식이다.

광고 문구를 수집하라

아웃풋이 훌륭한 사람이 되려면 사업가의 문구와 단어를 모으는 수집가가 되어야 한다. 마치 마케터처럼, 읽는 사람의 마음에 새겨질 수 있는 단어와 문장을 찾아내는 습관을 길들여야 한다.

나는 송도로 사업장을 옮길 때 사업장에 사용할 문구나 인테리어에 대한 영감을 얻기 위해 명동을 돌아다니며 30군데 이상의 카페, 화장품 숍, 옷가게 등을 둘러보았다. 그곳에 적힌 문구와 이미지들을 모아놓고 글을 쓸 때 참고했다. 그 글과 이미지는 마케터들이 심혈을 기울여 써놓은 것이기 때문에 상대방을 움직이게 하는 글을 쓸 때 매우 유용하다.

축약할수록 글의 힘은 세진다

글을 쓸 때는 한 문장에 자신의 생각과 철학의 핵심을 녹일 수 있도록 연습해야 한다. 명언집에는 그 글을 쓴 사람의 삶의 핵심이 녹아 있다. 말하는 것처럼 장황하게 쓰기는 오히려 쉽다. 머릿속의 지식을 사용해 상대방의 감성을 건드릴 수 있는 능력을 키워야 한다. 단어를 선별하고 수정해서 날카롭게 다듬는 것이 필요하다.

사장을 가르치는 사장인 김승호 대표는 한국에 꽃집 사업을 새로 시작할 때 모든 시스템을 완성했지만, 이 사업을 설명해줄 말을 찾지 못해 사업 론칭을 미루고 있었다. 그때 인터넷에서 '나를 위한 꽃집'이라는 말을 발견하고 이 문구를 콘셉트로 사업을 시작했다. 그렇게 론칭한 '스노우폭스플라워'는 사업 시작 1년도 안 되어 어버이날에 한 매장당 매출을 3,000만 원까지 올렸다. 화훼경매센터에서 경매권을 받아 도매 수준으로 꽃을 가져오는 큰 화훼기업으로 발돋움했다.

"시속 100킬로미터로 달리는 신형 롤스로이스에서 들리는 가장 큰 소리는 전자시계 소리다(At 60 mailes an hour the loudest noise in this new Rolls-Royce comes from the electric clock)."

당시 이 광고 문구 하나로 롤스로이스는 매진 사태를 맞았고, 이 카피는 자동차 광고 역사상 가장 유명한 문구가 되었다. 창업가에게는 카피라이터의 프레임으로 시장을 바라보는 능력이 필요하다. 그 능력이 글로 구현되었을 때 더 빛을 발한다. 고객에게 나눠 주는 명함, 회사에 걸려 있는 배너, 블로그에 올리는 글, 유튜브 섬네일,

인스타그램의 해시태그, 간단한 설명회를 위한 포스터 한 장, 사업 설명회 프레젠테이션에 사람의 마음을 움직일 만한 문구가 들어 있어야 한다. 처음 하는 사람은 당연히 어렵다. 하지만 의식만 한다면 실력을 쌓을 수 있다. 내가 쓰는 문구를 하나둘씩 시도하고 바꾸고 발전시켜서 고객에게 전달되는 효과성이 높아진다면, 사업 성공의 가능성도 덩달아 높아진다.

창업가의 말과 글은 결국 사람을 움직여야 한다. 선천적으로 언어 지능이 뛰어나서 말하기와 글쓰기에 능한 사람도 있다. 그럼에도 창업가는 자신의 말과 글을 위해 끊임없이 지식을 축적하고 노력해야 한다. 그렇게 쌓인 한 마디 한 글자가 사람의 마음에 전달되어 당신의 사업을 이끌어줄 것이다.

내 문제부터 적극 해결하는
두잉(doing) 독서

리더의 필수 조건

'대학 졸업장보다 독서 습관이 더 중요하다', '나를 만든 것은 동네의 작은 도서관이다', '나에게 초능력이 생긴다면 책을 빨리 읽는 능력을 가지고 싶다'.

빌 게이츠의 독서 명언들이다. 스탠퍼드 역사상 최장 기간 총장을 역임한 존 헤네시(John Hennessy)는 리더의 필수 조건으로 성장을 꼽았고, 그 최고의 방법은 독서라고 이야기했다. 소프트뱅크의 손정의 회장은 만성간염으로 아무것도 못 하는 상태가 되었을 때, 수천 권의 독서를 통해 몸을 회복하고 세상을 꿰뚫어보는 혜안을 갖추게 되었고, 가슴을 뜨겁게 하는 열정을 충전할 수 있었다. 부자들의 82퍼센트는 독서를 하고 가난한 사람은 단지 5퍼센트만 독서를 한다는 결과가 있을 정도로 독서의 중요성은 아무리 이야기해도 모자람이 없다.

그럼 무조건 많은 책을 읽으면 창업에 도움이 되는가? 아니다. 물론 통찰이 깊어지기는 하겠지만, 단순히 책만 읽는다면 아는 것과 실행하는 것의 차이가 커지는 지행격차가 생길 수 있다. 캔 블랜차드는 이를 '읽어버린 고리'라고 정의했다. 단순히 책을 읽는 것은 죽어 있는 책 읽기다. 책이 자신 안에서 살아 숨 쉬게 하는 책 읽기를 해야 한다. 적극적으로 책과 의사소통을 해야 하고, 자기 삶에 녹여야 하며, 책에 있는 지식으로 삶의 문제를 해결할 수 있어야 한다.

책으로 아토피를 고치다

둘째 아이가 세 살 때 아토피에 걸렸다. 말도 못하는 조그마한 아이가 얼굴이 빨개져서는 고사리만 한 손으로 얼굴을 비빌 때 내 마음도 상처가 나는 것 같았다. 딸이라 그런지 피부나 외모에 문제가 생기는 것이 더욱 걱정되었다. 피부과에 갔더니 항히스타민제를 처방해주었다. 연고를 바르니 거짓말처럼 증상이 완화되었다. 하지만 얼마 지나지 않아 아이는 고열을 앓았고 며칠 뒤 다시 증상이 재발하고 말았다. 심지어 더욱 심해졌다. 이대로는 안 될 것 같았다. 우리나라에 아토피 전문가를 찾아서 특별한 치료를 받고 싶었다. 네이버에 검색을 하니 수많은 한의원과 피부과가 나왔다. 블로그 후기도 보려고 했는데 너무 많아 누구에게 연락해야 할지 누구의 말이 맞는지 어떻게 해야 할지 결정하기 힘들었다.

생각을 바꾸기로 했다. 여러 전문가를 여기로 모셔오자. 집에 있는 수십 권의 건강 도서에서 아토피에 관련된 부분을 찾았다. 아토피에 대한 의학적인 글과 관련 동영상을 공부했다. 거기에 있는 방법 중 내가 실행할 수 있는 모든 것을 리스트로 적었다. 총 아홉 가지의 방법을 모두 적용하기로 했다. 실크벽지가 아토피를 유발한다는 동영상을 보고 집 안의 모든 벽지를 일반 벽지로 바꿨다. 수돗물이 문제가 있다고 해서 연수기를 설치했다. 긁으면 더 가렵다고 해서 손싸개를 씌워주었다. 세 살짜리용 손싸개는 구할 수 없어서 아주 부드러운 재질의 천을 손바느질로 만들어서 끼웠다. 아토피의 원인은 장 면역력 저하라고 해서 가장 좋은 유산균을 구해 먹였다. 피부가 건조해지지 않게 보습 로션을 발라주었다. 로션에는 독성이 들어 있으면 안 되므로 건강 전문가에게 성분표를 보내가며 신중히 골랐다.

여러 가지 노력을 실행한 지 3일도 안 되서 아이가 눈에 띄게 좋아지기 시작했다. 일주일이 지나니 언제 얼굴을 긁었냐는 듯이 뽀얀 피부를 찾아가기 시작했다. 여러 명의 전문가를 집에 모신 덕에 우리 아이의 피부를 지킬 수 있었다. 몇 개월 뒤 이 소식을 들은 아내의 친구가 자녀의 아토피 문제로 우리 부부와 만나길 원했다. 아내 친구의 집에 갔더니 항히스타민제를 덕지덕지 바른 아이를 볼 수 있었다. 내가 실행한 아홉 가지 리스트를 아내의 친구에게 알려주었고, 며칠 뒤 아이가 완치되어 너무 고맙다는 연락을 받았다. 놀랍게도 그 아이의 아빠는 큰 대학병원의 응급실 전문의였다. 내 꿈이 세계 최고의 강사가 아니었다면, 아토피 치료를 위한 요양원 사업을 했을지도 모른다.

실행력을 높이는 두잉(doing) 독서

책을 읽고 실행력을 높일 수 있는 간단한 방법이 있다. 빈 종이에 문제를 쓰고, 이를 해결하기 위해 관련된 책들을 여러 권 찾아 실행 방식을 발췌한다. 책을 처음부터 끝까지 읽을 필요는 없다. 내 문제를 해결해줄 부분만 찾아서 읽으면 된다. 해결할 아이디어를 찾으면 빈 종이에 적어서 리스트를 만든다. 출처까지 적어놓으면 더욱 좋다. 한꺼번에 실행한다. 하나하나 실행하는 것도 방법이지만, 비용이 크게 들지 않는다면 모두 실행하는 것이 좋다. 그다음 여러 사례를 만들면서 유효성을 검사하고 실행하는 아이디어의 가짓수를 조절해서 비용을 절감하거나 더 좋은 방법으로 점점 개선해나가면 된다.

그렇게 만든 솔루션을 통해 많은 사람들에게 도움을 줄수록 입소문을 타게 되고, 이는 곧 사업 아이템이 된다. 영업, 마케팅, 인사, 품질, 심지어 요리까지 모든 영역에 적용할 수 있는 강력한 방법이다. 내가 처음부터 새로 만들려면 너무 오래 걸린다. 남들이 해놓은 것으로 빠르게 따라 잡아라. 거인의 어깨 위에 올라타면 된다. 책까지 집필할 정도로 유명한 우리나라 최고의 전문가 한 분을 모시는

데 1만 5,000원 정도면 된다.

일반적으로 빨간색, 파란색, 검정색이 들어 있는, 흔히 구할 수 있는 3색 펜을 들고 책을 읽는다. 검정색으로는 저자의 핵심이나 인상적인 내용을 요약해서 책 위쪽 빈 공간에 적는다. 파란색으로는 책의 내용과 내 삶을 비교해보고 그 차이점을 책 하단 빈 공간에 메모한다. 빨간색으로는 책의 내용과 내 삶의 차이를 조금이라도 좁히기 위한 구체적인 아이디어를 적는다.

일례로 내가 읽은 책의 여백에는 이렇게 적혀 있다.

- 책 상단 여백 : 검정색으로 "두잉 독서 = 빈 종이에 문제 정의 → 실행 방식을 찾아 여러 권 발췌 → 아이디어 리스트 만들기 → 한꺼번에 실행하기"
- 책 하단 여백 : 파란색으로 "나는 지금까지 책을 읽을 때 처음부터 끝까지 무조건 읽어야 하는 줄 알았는데 그게 아니었다. 책에서 찾은 아이디어 리스트를 모아서 적용할 생각을 해본 적이 없는데 참 놀랍다. 지금 구직 활동을 하는 데 적용하면 좋을 것 같다."
- 책 하단 여백 : 빨간색으로 "구직에 관한 책을 10권 사서 읽고 아이디어 리스트를 뽑아서 적용하기"

아이디어 노트

그 아이디어가 사업에 관련된 일이라면, 사업 아이디어 노트를 따로 만들어 출처와 함께 모아놓는다. 그렇게 모아놓은 아이디어가 자신의 진짜 지식이 된다. 이 리스트들을 하나씩 실행해갈 때, 살아 있는 아이디어로 바뀌고 노하우가 되며 자기 사업에 관계된 사람들에게 더 큰 가치를 가져다줄 것이다. 실행하면서 벽에 부딪히는 것이 있다면 저자를 찾아가 본다. 그 사람이 하는 강연을 듣고 궁금했던 것을 질문하면 책에서 얻은 지식에 날개를 달게 된다. 혹시 운이 좋다면 저자를 자기 인생의 멘토로 모실 수도 있다.

《성과를 지배하는 바인더의 힘》을 읽고 저자인 강규형 대표가 운영하는 프로그램에 참여해 8시간의 인생을 바꿔줄 교육을 받았다. 책을 통해 먼저 만나서 그런지 연예인을 만난 것같이 두근거렸다. 하루에 8시간 강의를 듣는 타이트한 프로그램이었지만, 강의를 듣는 동안 시간은 쏜살같이 지나갔다. 오후 쉬는 시간에 혼자 앉아 있는 강규형 대표에게 득달같이 들이댔다. 강규형 대표와 일대일 상담료는 시간당 100만 원이다. 물어보고 싶은 것이 산더미처럼 많았지만, 100만 원이 없었기에 간절함으로 이렇게 말했다.

"대표님과 저에게는 같은 점이 세 가지 있습니다. 혹시 들어보시고 마음에 드시면 한 번만 만나주시면 안 되겠습니까?"

강규형 대표는 씩 웃더니 한번 이야기해보라고 했다.

"첫째, 대표님과 저는 '강' '규' 이름 두 글자가 같습니다. 둘째, 대표님과 저는 바인더가 같은 색입니다. 마지막으로 대표님과 저는 같은 크리스천입니다. 한 번만 만나주십시오."

강규형 대표는 껄껄 웃더니 무시무시하게 **빽빽한** 일정에 빈 공간을 만들어주며 이때 찾아오라고 했다.

정말 하늘을 날 것 같았다. 찾아가서 무슨 말을 했는지도 모를 정도로 얼얼하고 정신이 없었다. 한마디라도 놓칠까 양해를 구하고 모두 녹음했고(다시 생각해도 정말 무례한 일이었지만 흔쾌히 허락해주었다) 그날 적은 노트와 추천 도서 리스트는 항상 가지고 다닌다. 그 만남은 내 인생의 방향이 크게 바뀐 터닝 포인트가 되었다. 책 한 권 읽고 그냥 덮었다면 내 삶에 아무런 변화도 없었을 것이다. 책을 읽고 실행하고 찾아가고 만나는 살아 있는 책 읽기를 할 수 있다면 창업가에게 큰 무기가 될 것이다.

위대한 사업을 하려면 위대한
생각의 뿌리를 찾아 나서라

거대한 성공을 이룬 그들의 공통점

마크 저커버그, 빌 게이츠, 스티브 잡스는 유대인이자 사업가다. 이병철, 정주영은 한국인이자 사업가이다. 다섯 명은 모두 인문 고전을 읽었다. 뿐만 아니라 대부분의 거대 사업가나 재벌들은 인문 고전을 읽는다. 알베르트 아인슈타인은 교사에게 "너는 너무 형편 없는 놈이어서 커서 무엇 하나 제대로 해내지 못할 거다"라는 독설을 들었다. 고등학교마저 퇴학당한 아인슈타인을 20세기 최고의 지성으로 만든 것도 인문 고전의 힘이다.

상위 0.01퍼센트 재벌의 자녀들은 미국의 사립학교에서 철저하게 인문 고전을 배우고 토론한다. 도널드 트럼프도 새벽 4시에 일어나 3시간 동안 독서하는데 주로 플라톤의 저서를 그리스어 원전으로 읽는다고 한다.

틀을 벗어나려면 뿌리를 찾아라

창업가가 되려면 우선 기존의 시장이나 상식에 대해 질문을 던질 수 있어야 한다. 내가 바라는 것을 이루기 위해서는 기존 생각의 틀에서 벗어나야 한다. 틀을 깨기 위한 방법은 여러 가지지만 위대한 생각을 하기 위해 가장 중요한 것은 생각의 뿌리를 찾는 탐험을 해보는 것이다.

효도는 왜 해야 하는가? 제사는 왜 지내야 하는가? 존댓말은 왜 써야 하는가? 우리가 생각하고 행동하는 것 가운데 마땅히 해야 하는 것들의 뿌리를 찾다 보면 공자를 피해갈 수 없다. 2,500년 동안 동양사상을 지배한 유교 경전 《논어》는 얼마나 대단한가? 21세기를 살아가는 우리가 유교를 기반으로 생각하고 행동하고 판단하고 있다는 사실은 얼마나 신기한 일인가?

《논어》를 실제 삶에서 실천한 사람은 소수이지만 그 소수가 많은 사람의 존경을 받고 세상을 변화시켰다는 것을 안다면, 또 지금도 많은 이들이 알게 모르게 생활에서 이 경전의 가르침을 따르고 있다는 사실을 알게 된다면 《논어》를 안 읽을 이유가 없지 않을까?

열 길 물속은 몰라도 한 길 사람 속은 알아야 한다

사업을 하기 위해서는 사람을 알아야 한다. 고객을 알아야 하고 사람이 하는 생각의 근본에 대해 질문을 던져야 한다. 물론 고급 마케팅 기법을 사용해서 사업의 철학을 고객에게 보여주고 인테리어, 상품, 서비스를 통해 이를 구현하는 것이 중요하지만, 정작 그 사업의 철학을 정하는 행위가 매우 중요하다. 《나는 왜 이 일을 하는가?》의 저자 사이먼 사이넥(Simon Sinek)은 위대한 기업들, 성공한 기업들은 무엇(what)에서 사업을 시작한 것이 아니라, 왜(why)에서 시작했다고 한다.

애플이 아이폰을 만든 이유는 그들의 철학인 '다르게 생각하라 (Think Different)'로부터 나왔다. 다르게 생각하려면 어떻게(how) 해야 하지? 그래! 고객 중심의 디자인, 미려한 디자인, 고객 경험주의로 가자. 고객 중심의 디자인을 하려면 어떻게 해야 하지? 한 손에 들어오는 디자인을 해야겠다. 안테나를 케이스 외곽으로 둘러야겠다. 카메라를 앞에도 달아서 서로 얼굴을 보며 통화하는 새로운 방식을 만들어야겠다. 그렇게 탄생하고 발전한 것이 아이폰이다.

꿈을 바꾼 질문

5년 전 나의 꿈은 유치원 이사장이었다. 나는 경영학을 전공했고 아내는 유아교육을 전공했으니, 당연히 둘을 합쳐서 유치원을 경영하는 것이 시너지도 크고 성공할 수 있겠다고 생각했다(물론 지금은 아내가 우리 회사의 경영, 기획 전반을 맡고, 나는 강사, 운전기사, 경리 일을 하고 있다). 강규형 대표와 처음 일대일 상담을 했을 때 나는 잔뜩 긴장한 목소리로 유치원을 하고 싶은 꿈이 있습니다"라고 했다. 그러자 강 대표는 진중한 표정으로 "왜 유치원을 하려고 하세요?"라고 물었다. 나는 당연히 위와 동일하게 "저는 경영학을 전공했고 아내는 유아 교육을 전공했으니, 둘이 합쳐서 유치원을 하는 것이 좋다고 생각합니다"라고 말했다. 그러자 강 대표는 고개를 살짝 갸우뚱하더니 다시 물었다.

"왜 유치원을 하려고 하세요?"

'내가 설명을 잘 못해서 잘 못 알아들으셨나?' 생각하고는 다시 정신을 다잡고 이야기했다.

"저는 경영학을 전공했고 아내는……."

강규형 대표는 다 알아들었다는 듯이 말을 자르고 다시 물었다.

"왜 유치원을 하려고 하세요?"

무언가 잘못되었음을 느꼈다. 그때 내 머리를 후려치는 듯한 충격이 밀려왔다. 유치원을 차리려고만 했지, 왜 유치원을 차려야 하는가에 대한 아무런 철학이 준비되어 있지 않았다. 강규형 대표는 어쩔 줄 몰라하는 나를 보고 빙그레 웃으며 10권의 책을 권해줬고 나는 얼마나 얕은 생각으로 사업을 생각하고 있었는지 깨달았다.

지금 나에게 다시 물어보면 "가족을 살리는 유치원을 만들고 싶습니다. 부모와 자녀가 함께 성장하는 가족 학교를 만들고 싶습니다. 가족의 성장을 콘셉트로 아이와 부모를 같이 교육할 수 있는 프로그램을 운영할 예정입니다. 그를 위해 하브루타, 감정 코칭, 요코미네 교육, 비폭력 대화, 코칭, 실용 독서, 놀이 교육 등에 대한 공부를 하고 7년간 전문가가 되도록 교육 현장에서 일하며 책을 집필하겠습니다. 아내가 원장 자격증을 따도록 지원을 아끼지 않으면서 내 가족부터 살리는 존경받는 아빠가 되겠습니다"라고 눈을 빛내며 당당하게 이야기할 것이다.

사업의 철학

사업의 철학은 사람에 대한 질문에서 시작된다. 인문학을 공부한다는 것은 결국 나를 알아가는 과정이다. 인문학을 읽으며 나에게 치열하게 질문하는 삶을 살아야 한다. 하루하루 치열하게 성장하는 삶을 사는 것이다. 나에 대한 성장은 나에게 줄 수 있는 가장 가치 있는 선물이고 이렇게 나를 사랑한 사람은 다른 사람을 사랑할 수 있다. 공자가 말하는 '인(仁)'도 사람에 대한 사랑이고 소크라테스의 사명도 끊임없이 나와 남의 생각을 살피며 사는 삶이다.

사람의 마음을 얻는 법은 오로지 나로부터 시작되는 것이고, 나의 성장은 오롯이 나의 시간을 쓰는 방법에 달렸다. 나와 남에 대한 생각과 철학이 깊어질수록 남을 도울 수 있는 능력 또한 탄탄해질 것이고, 이는 사람의 마음을 얻을 수 있는 시작점이다. 사람마다 다르지만, 혼자 하는 독서가 본격적으로 시작되는 초등학교 때부터 수준에 맞는 인문 고전을 읽고 질문을 만들어 가족과 대화하는 시간을 가지면 어떻게 될까? 부모는 자녀의 질문에 사랑을 가득 담은 표정으로 '네 생각은 어때?', '왜 그렇게 생각하니?'라고 물으며 아이의 눈을 바라보며 온몸으로 경청하고, 마음을 다해 감탄하는 모습이 대한민국 가정에서 일어난다면, 우리나라는 골드만삭스의 예상대로 2050년에는 독일을 제치고 세계 2위 국가가 될 수 있을 것이다.

세계 여러 나라에서 연구하고 롤 모델로 삼고 싶은 나라. 유대인보다 더 따뜻하고 유능하게 세상을 품고 섬길 수 있는 기업가가 넘쳐나는 국가, 국민들이 가는 곳에는 풍요로움만 남는 나라, 어느 나라에서나 존경받고 환영받으며 세상의 기준이 되는 나라, 그런 나라가 되는 첫날은 바로 당신이 자녀 혹은 부모와 인문 고전을 읽고 질문하며 대답하는 그날이다.

좋은 창업을 넘어 위대한 창업으로

위대한 실행은 위대한 생각에서 나오고 위대한 생각은 위대한 질문에서 나온다. 무엇이 위대한 것인가? 세상의 많은 사람들이 오랫동안 동의하고 활자 자체가 살아남아 우리에게 전달되는 인문학에 그 위대함이 있다고 생각한다.

물론 하루하루 살아가는 모든 삶이 위대하지만, 남에게 생각당하지 않고 주체적으로 생각하고 삶을 만들어가려면 끊임없이 위대한 질문을 던지고 과거 천재들의 삶을 내 머릿속에 각인시켜야 한다. 그들의 생각 시스템에 접속해서 그 시스템 속에 나를 던져 넣으면 놀랍게도 그들의 시선에서 세상을 통찰하는 나를 발견할 수 있다. 주위에 2,500년 동안 세상을 변화시킬 존경할 만한 천재가 있는가? 우리 집 책장에는 약 50분 정도 살고 있다. 그분들을 만나러 가는 질문 여행을 해보는 것은 어떤가?

내 삶에서
의미 있는 것을 찾아라

내 삶에서 어떤 것을 남기고 싶은가?

"내 삶에서 어떤 것을 남기고 싶은가?"

중학교 2학년이 된 제자가 《탈무드》를 읽고 질문한 것이다. '중2병'이 무섭다는 한국의 중학생에게 이런 질문이 나왔다는 사실이 나를 전율하게 했다. 사실 내 수업 시간에 이런 일은 비일비재하다. '어떤 일이 내 삶에서 의미가 있는 일일까?', '인(仁)한 사람이 되기 위해 나는 오늘 어떤 일을 실천해야 하는가?', '이데아는 정말 존재하는가?', '잘 산다는 것은 어떤 것이며 어떻게 하면 잘 살 수 있을까?' 놀랍게도 열다섯 살도 되지 않은 아이들의 질문이다.

인문 고전을 읽고 꾸준히 질문을 만들고 생각을 나누니 아이들의 내면이 눈에 띄게 성장했다. 일주일에 한 번밖에 없는 내 수업뿐 아니라 부모 교육을 받은 부모님들이 함께 집에서 인문 고전 읽기 문화를 만든 결과다. 아니다. 이것은 결과가 아니라 하나의 과정이다. 아이들이 위대한 삶을 살기 위한 하나의 과정이다. 내가 많은 사람을 생각하고 많은 사람의 삶을 도와줄 수 있도록 질문하기 시작하면 그 많은 사람들이 내 생각 안으로 들어온다. 내 삶에서 10명에게 영향을 미치는 것과 100명에게 영향을 미치는 것은 생각의 방향과 실행의 방향이 아예 다르다.

한 개의 점포를 운영하더라도 나중에 3만 개의 점포를 운영한다고 생각하는 것은 아예 다르다. '다른 사람에게도 이렇게 맛있는 요리를 대접하고 싶다'고 생각하는 사람과 '우리나라 전국 방방곡곡에서 이 음식을 맛있게 즐겼으면 좋겠다'고 생각하는 것은 아예 다르다. 생각 하나하나 매뉴얼을 만들고 기록하며 모아갈 것이다. 요리 방송에서 어떤 아이디어가 스쳐 지나갈 때마다 내 매뉴얼에 추가할 것이다. 질문이 없는 사람에게는 그저 재미있는 예능이지만, 질문이 있는 사람에게는 인생을 바꾸어줄 교육 방송이다. 삶을 대하는 자세가 진지한가, 진지하지 않은가를 결정하는 것은 나에게 위대한 질문이 있느냐 없느냐이다.

왜 그 일을 하려고 하는가?

내가 교육 사업을 시작할 때 한 가지 질문이 있었다. 왜 강사를 하려고 하는가? 나의 강의를 통해 청중의 어떤 것을 변화시키고 싶은가? 단순히 돈을 벌기 위해 강의하는 것이라면, 재미에 의미를 더해서 강의 평가만 좋으면 된다. 욕도 좀 섞고 청중 중에 한 사람을 바보로 만들어서 다른 사람들을 웃기면 평균적으로 좋은 평가를 받을 수 있다(물론 그 사람이 그 집단의 중역이라면 평균적인 평가는 의미 없이 더 이상 강의를 맡을 수 없다). 그때 최재웅 대표의 《강의력》이라는 책에 나온 문구가 내 가슴을 때렸다.

"강연에서 스타는 강사가 아니다. 청중들이다. 청중들을 스타로 만들어야 한다."

스타 강사를 꿈꾸던 나의 마인드를 깨는 충격적인 문구였다. 심지어 두 번째 부모 교육을 강연했던 단체에서 내 팬이라며 마치 연예인이라도 본 듯한 표정으로 나를 바라보는 한 분께 질문했다.

"혹시 지난번에 배우신 것 중 실천해보신 게 있나요?"

그분은 순간 당혹스러운 표정으로 바뀌며 이렇게 대답했다.

"아니요……."

죄책감을 느끼는 표정으로 대답하는 그분 앞에서 나는 더 큰 충격을 받았다. 내 강연을 듣는 청중의 인생이 변하지 않는다면 내 강연은 무슨 의미가 있을까? 내 강연을 좋아해주는 그분께 내가 더욱 죄송했다. 그 후 강연이 끝난 후 청중들을 대상으로 단체 톡방을 만들어서 21일 동안 실천할 수 있는 문자를 보내드렸다. 많은 분들이 삶의 변화를 피드백해주었고, 그 피드백은 내가 강연하는 의미가 되었다. 잃어버린 내 아이를 찾은 것 같았다. 감사하다는 말을 들을 때마다 느끼는 기쁨은 이루 말할 수 없었다.

삶에 어떤 물음표를 품고 있는가?

스탠퍼드 학생이 스탠퍼드 총장에게 스탠퍼드대학교의 비전과 목적을 묻자 이렇게 대답했다.

"우리가 연구하고 공부하는 것으로 더 나은 세상을 만들 수 있다는 믿음이 아침에 나를 일어나게 하는 원동력입니다."

가슴이 뛰었다. 나의 일생이, 나의 시간이, 나의 노력이 세상을 더 나은 곳으로 만든다는 믿음이 오늘도 나를 강의장으로, 원고를 쓰는 노트북 앞으로 이끌었다. 당신의 삶은 어떤가? 당신의 삶에 어떤 물음표를 던지고 있는가? 어떤 느낌표를 따라가고 있는가? 질문이 있는 삶은 곧 답을 찾게 되어 있다. 나의 문제에 대한 답을 찾는 것도 매우 훌륭하지만 다른 사람의 문제에 대한 답을 찾는다면 그것은 사업으로 이어진다. 100명을 도우려는 사업가보다 100만 명을 도우려는 사업가는 훨씬 더 큰 사업을 만들 수 있다.

더 많은 사람들에게 도움이 될수록 영향력은 점점 커지고, 더 많은 사람들의 삶을 변화시킬 수 있다. 내 삶의 의미는 거기에 있지 않을까? 물론 한 사람을 변화시켜야 100만 명을 변화시킬 수 있다. 나로부터 비롯되는 선한 영향력은 내 삶에 대한 위대한 질문에서 시작된다. 나를 사랑하는 것은 곧 남을 사랑하는 것과 같다. 행복과 성공은 다른 사람에게서 오기 때문이다. 결국 내 삶의 목적은 세상을 향한 질문을 통해서 찾을 수 있다.

5,000억 자산을 보유한 사업가도 여전히 자기 자신이 누군지 모른다고 한다. '나 자신'이 누구인지는 죽기 전에야 알 수 있는 것일

까? 나를 찾아가는 과정이 결국 삶이다. 많은 사람들이 성공을 바라지만, 그 성공이 결국 과정에 있다는 것을 아는 사람은 그리 많지 않다. 성공의 과정 속에서 의미를 찾을 수 있다면 그 과정 자체가 즐겁다. 그렇게 과정을 즐기는 사람에게는 머리 좋은 사람도 노력하는 사람도 경쟁자가 아니라 동지일 뿐이다.

인생의 의미를 찾는 기술

인생의 의미를 찾는 것은 기술이다. 즉, 배울 수 있고 노력하면 익힐 수 있다. 단, 무의식 속까지 신념으로 뿌리내려야 하기 때문에 시간이 오래 걸린다. 대부분의 미국 명문 대학교가 그렇듯이 스탠퍼드대학교에서도 봉사활동을 중요하게 여긴다. 한국처럼 단순히 봉사 점수를 위해 시간을 채우는 것이 아니다. 에세이를 받아서 지원하는 학생이 봉사활동을 통해 무엇을 배웠고 그 배움이 사회에 어떤 가치를 제공할 수 있는지 그 가능성을 가늠해본다.

자기 삶의 목적은 무엇인가? 빈 종이를 꺼내서 자기 삶의 목적을 써보자. 삶에서 가치가 있다고 생각하는 것은 무엇인가? 죽기 전에 꼭 이루고 싶은 것은 무엇인가? 죽은 뒤에 어떤 사람으로 기억되고 싶은가? 위대한 질문의 끈이 자기 삶을 이끌어 가도록 끊임없이 당기는 것은 어떨까?

삼성 이병철 회장이
이건희 회장에게 물려준 것

경청의 기술

마케팅을 공부하다 막힌 적이 있다. 사업자 중심이 아니라 고객 중심으로 생각을 바꿔야 하는데, 어떻게 해야 할지 감이 잡히지 않았다. 마케팅 전문가는 "하루에 우리는 수십 번씩 고객이 된다. 고객 관점에서 생각하는 것은 쉽다"라고 이야기한다. 맞는 말처럼 느껴진다. 그러나 나는 자꾸 사업자의 관점에서만 제품과 서비스를 바라보게 된다.

삼성을 설립한 호암 이병철 회장은 아들 이건희 회장에게 평생의 경영철학으로 '경청'을 물려주었다. 서예가이기도 했던 이병철 회장이 직접 쓴 '경청(鏡聽)'이라는 휘호는 아들 이건희 회장의 손에서 25년이 지나 손자인 이재용 회장에게 건네졌다. 경청에는 어떤 힘이 있기에 대기업 재벌가에서 대대손손 물려주는 가치가 되었을까? 경청에는 사람의 마음을 얻는 힘이 있다. 내 마음을 비우고 상대의 입장에서 상대의 마음으로 들어주는 것이 경청이다. 경청은 기술이고 마음을 보여주는 언어다. 평소에 경청 훈련이 잘되어 있는 사람은 주위 사람의 마음을 한 아름 가지고 있다. 경청의 기술은 여러가지 있지만, 가장 중요한 것은 적극적 경청(active listening)이다.

적극적 경청을 위해서는 첫째, 상대방과 가슴과 무릎, 눈을 마주하고 앉아서 대화한다. 눈은 마음의 거울이다. 바른 자세로 듣는 것은 상대를 존중한다는 마음의 표현이다. 다리를 꼬고 앉거나 팔짱을 끼거나 비스듬히 앉으면 서로 마음이 닿기 어렵다. 상대방의 제스처를 조금씩 따라 하면 라포(rapport, 공감대) 형성이 더욱 잘된다. 가장 중요한 것은 경청하는 사람의 표정과 말투다. 부드러운 표정과 편안한 말투를 유지한다.

둘째, 상대방의 의견에 내 판단을 넣지 않는다. "그건 그 사람이 잘못한 것 같아요. 그런 상황에서는 서로 잘못한 것이 아닐까요?" 등의 판단을 집어넣으면 상대방은 자신을 있는 그대로 바라보지 못한다. 경청의 목적은 상대방이 이야기함으로써 스스로 방향을 찾고 상대의 마음을 얻어가는 과정이다. "아, 네, 그렇군요" 등의 반응을 한다면 상대방은 더욱 마음의 문을 쉽게 열 것이다.

셋째, 답은 상대방이 알고 있음을 인정한다. "이건 이렇게 하면 어떨까요? 그때는 이렇게 하셔야 합니다" 등의 조언도 하지 않는다. 컨설팅의 경우에는 조언을 해주는 것이 맞지만, 경청은 자신이 알지 못하는 영역에서도 스스로 답을 찾게 하는 것이다.

넷째, 간단한 질문부터 시작해서 자세한 질문을 한다(drill down). "요즘 근황은 어떠세요? 어떤 고민이 있나요? 무엇이 문제라고 생각하세요?" 등 가벼운 질문부터 시작해서 양파 껍질을 벗기듯 안으로 들어가야 한다. 중요한 부분이라고 생각하는 곳에서 "이 부분에 대해 조금 더 자세히 설명해주시겠어요?"라고 질문한다.

다섯째, 상대방의 감정에 5분의 1 정도 공감한다. 상대방이 마음을 열고 감정을 표현하며 깊은 이야기를 할 때가 있다. 슬픈 이야기를 할 때는 울 수도 있다. 상대방의 감정이 표출되었을 때는 그의 5분의 1 정도의 감정으로 공감한다. 가끔 경청하는 사람이 지나치게 감정이입을 해서 말하는 사람보다 더 슬프게 울 수도 있다. 지나친 공감에 상대방은 갑자기 마음의 문을 닫을 수도 있다. 반대로 상대방의 감정 표현에 아무런 반응이 없어도 마음을 닫는다. 튜닝이 잘된 기타 두 대를 놓고 줄 하나를 튕기면 옆에 있는 기타도 같은 줄이 미세하게 떨린다. 이런 공명하는 마음으로 상대방의 감정에 공감하는 표정과 위로하는 말투를 유지한다. 개인차가 있지만, 대체로 남자는 공감하는 표정과 말투를 연습하고, 여자는 감정을 절제하는 연습을 하면 좋다. 상대방의 감정을 조용히 읽고 "많이 슬프셨겠네요"라고 이야기해주면 더욱 좋다.

최고의 영업 기술

영업의 고수일수록 이야기하는 시간보다 경청하는 시간이 더 많다. 영업은 물건을 파는 것이 아니라 자신의 가치를 파는 것이다. 세상에 물건은 넘쳐나고 물건에 대한 정보와 후기까지 홍수처럼 쏟아져 나온다. 시장의 권력은 소비자에게 돌아갔다. 소비자는 가장 싸고 성능이 좋은 제품만을 선택하지 않는다. 가심비라는 말이 있다. 가격 대비 만족이 높은 제품을 구매한다는 말이다. 직접 로스팅한 고품질의 2,000원짜리 아메리카노를 파는 조그만 커피숍은 문을 닫지만, 그보다 두 배 비싼 스타벅스는 한국에서만 직영점이 1,000개가 넘는다. 럭셔리 라이프 스타일을 커피에 담은 덕이다. 송도에 있는 리저브점은 점심때마다 사람들이 줄을 서서 커피를 마실 정도로 호황을 누린다.

스타트업을 할 때 투자자들을 움직이는 것은 화려한 언변보다는 고객을 향한 진심 어린 마음과 간절함이다. 사업을 시작하면 투자자, 협력업체 관계자, 노무사, 세무사, 변리사, 변호사, 직원, 경쟁업체 관계자, 고객 등 많은 사람을 만나게 된다. 사업가는 이 많은 사람들의 마음까지 얻어서, 사람을 통해 사업을 원활하게 풀어나가는 능력을 발휘해야 한다. 그 비결은 경청에 있다. 자신이 만나는 한 사람 한 사람에게 마음과 정성을 다하면 영향력이 생기고 사업도 번성한다. 그리고 내가 좋아하는, 나를 좋아하는 사람들로 주위를 가득 채워 행복하게 일할 수 있다. 이 모든 것은 경청을 통해 시작할 수 있다. 갑을 관계, 지위와 나이의 높낮이를 떠나서 진심으로 마음을 다해 경청하는 훈련이야말로 사업가의 가장 큰 역량이 아닐까?

교육 사업을 하면 학부모 상담을 많이 하게 된다. 특히 교육 등록 상담이 들어올 때가 많은데 나의 상담 시간은 짧으면 1시간, 길면 2시간이다. 마음이 급하거나 네댓 명 같이 오면 경청을 잘하지 못해 상담이 어렵지만, 일대일로 오는 고객들은 상담 후 교육을 등록할 확률이 80퍼센트가 넘는다. 1시간 상담 중에 내가 이야기하는 것은 길어야 10분에서 15분 정도밖에 되지 않는다. 나머지는 내 교육이 아이와 부모에게 도움이 되는지 경청하는 시간이다. 열심히 경청을 하고 솔직하게 도움이 될지 모르겠다고 말씀드리기도 한다. 배웅할 때도 표정이 안 좋아서 '등록하지 않겠구나'라고 생각했는데 놀랍게도 교육에 등록하고 아이와 함께 큰 성장을 하는 부모도 있었다. 내가 전달한 내용보다 나의 진실한 마음을 보고 결단한 것이 아닌가 하는 생각에 지금도 감사하다. 부의 공식을 일으키는 인풋에서 아웃풋까지 모든 역량을 갖춘 사람이 된다면, 당신도 세상을 바꾸는 최고의 창업가가 될 수 있을 것이다.

이 책을 읽고 창업을 시작하려고 하는 당신에게

직업에서 지난 10년 동안 일어난 가장 영향력이 큰 사건은 90년 대생들의 등장이다. 사람들은 더 이상 큰 집을 소유하기 위해서, 혹은 회사에서 승진을 위해 자신의 생활을 던져버리고 회사에만 몰두하지 않는다. 월화수목금금금 회사를 위해 젊음을 불태웠던 세대들은 '꼰대'가 되어버렸다. 일터에서 나를 찾는 것이 아니라, 일터 밖에서 나를 찾는 사람들이 많아지기 시작했다.

최근에 화제가 된 드라마 〈이태원 클라쓰〉에서 악역인 장대희 회장은 자신이 세운 '장가'라는 기업을 위해 자신의 아들에게 모든 혐의를 씌우고 감옥에 보내 자신의 기업을 택하는 무정한 모습을 보여준다. 장 회장 아래 있는 김 비서도 온갖 비리를 저지르는 장대희 회장을 보며 자신은 샐러리맨이니까 아무것도 할 수 없다고 말한다. 공을 위해 사를 희생시키는 전형적인 과거 세대의 모습을 보여준다고 할 수 있다.

반면 여주인공인 조이서는 합격한 대학도 포기하고 자신이 짝사랑하는 주인공이 창업한 포장마차에 취직한다. 사랑하는 남자의 사업도 성공시키고, 자신도 성공하고, 사랑과 성공을 모두 잡기 위해 회사에 밤새도록 매진하는 삶을 살아간다. 지금 세대 창업가들은 일 자체에서 얻는 의미와 즐거움을 물질적인 보수보다 중요하게 여긴다. 다른 사람의 꿈을 위해서만 일하면서 행복을 느끼는 사람은 많지 않을 것이다.

나는 회사의 품에서 6년을 보냈고, 회사의 비호를 떠나 스스로 개척하는 삶을 6년 살았다. 운이 좋게 첫 창업한 교육 사업이 궤도에 올라 월 2,000만 원의 매출을 올리기도 했다. 창업은 상상한 것 이상으로 소중하고 값진 경험이라고 말할 수 있다. 세상 사람들의 99퍼센트는 다른 사람 밑에서 일해야 한다는 생각에 동의하지 않는다. 기술은 사람을 대체하고 있고 '시스템 속에서 사는 삶'이 아닌 '시스템을 만드는 삶'이 강력한 대안이 될 수 있다. 아니, 유일한 대안이다.

이 책을 읽고, 당장 직장을 박차고 나가는 것을 바라지 않는다. 내 책을 정확하게 읽은 독자라면 이 책을 읽고 회사 일에서부터 프로페셔널해질 것이다. 이 책은 준비를 위한 책이다. 내가 바라는 것은 '철저한 준비의 실천'이다. 하지만 대부분의 사람들이 이런 준비

를 하지 않은 채 단순히 돈을 벌기 위한 결과만을 위해 창업박람회
장을 둘러보거나 인터넷에 창업아이템을 서칭하며 자신이 가지고
있는 시간과 열정을 내몰듯 창업의 현장으로 달려든다.

코로나 사태로 인해 많은 자영업자들이 문을 닫고 실업자들이
대량 발생하고 있다. IMF로 불경기가 찾아왔을 때 많은 사람들이
돈벌이를 위해 창업으로 몰렸고 PC방과 치킨집이 우후죽순 생겼
다. 지금 골목을 보면 알 수 있겠지만 그 많던 PC방과 치킨집은 대
부분 문을 닫았다.

만일 창업을 하는 동기가 단순히 '회사 일에 질려서' 혹은 '재정
적-시간적 자유를 위해'라면 회사 일을 하는 것이 좋다. 이것은 도피
를 위한 이유이지 창업을 위한 이유는 아니다. 이런 마인드라면 불
황을 마주할 때마다 강한 바람에 흔들리는 촛불과 같이 버티기 어려
울 것이다.

나는 회사 상사에게 욕설과 폭행을 당했고 이를 비밀로 하고 견
디며 회사 생활을 하다가 공황장애를 앓았다. 해외 지사 지사장이
꿈이었지만 더 이상 버틸 수 없었고, 회사의 배려로 고용보험을 받
으며 퇴사할 수 있었다. 퇴사를 위해 몇 주간 인수인계를 하고 있을
때 존경하는 부회장님께서 사건을 모르고 왜 퇴사하는지 일대일 면
담을 요청하셨다. 상사의 잘못을 말할 절호의 기회였지만 그냥 내
꿈을 위해 퇴사한다고 말씀드렸다. 지금 생각해보면, 그 사건이 없
었다면 난 절대 창업의 길에 들어서지 않았을 것이다. 결국 그 사건

이 내게 정말 최고의 행운을 가져다준 셈이다.

그리고 나의 두 번째 행운은 3P자기경영연구소를 만나서, 자기경영을 배우며 나의 성장에 투자하는 시간을 가졌다는 것이다. 형에게 3,000만 원을 빌려 아내와 둘이서 인천은 물론 서울에서 열리는 모든 유료 세미나를 다 수료했다. '나에게 성장하는 경험을 주는 것'이 나를 사랑하는 것이다. 가장 이윤이 높은 투자는 나 자신에게 투자하는 것이다. 무작정 창업을 한 것이 아니라, 나를 찾으러 떠난 여행에서 나는 내가 좋아하고 잘하는 것을 찾을 수 있었다.

세 번째 행운은, 창업 2년간 얼마나 힘들지 몰랐다는 것이다. 창업가들 사이에서는 이 구간을 죽음의 계곡(Death Valley)이라고 부른다. 알았다면 정말 내가 창업했을까? 장담할 수가 없다. 겁주려는 것이 아니다. 그냥 사실이고, 받아들이고, 준비하라는 거다. 더 철저하게 나를 쌓고 단련해 죽음의 계곡보다 더 큰 나를 만들어서 그까짓 것 한 발에 건너버려라. 명심하기 바란다! 문제를 해결하는 좋은 방법은 '내가 문제보다 커지는 것'이다.

마지막 행운은 이 책의 독자인 여러분을 만난 것이다. 각오하라! 준비하라! 도전하라! 여러분이 창업을 꿈꾸든 꿈꾸지 않든, 내 삶이 독자 여러분의 삶에 영향을 미쳤다면 그 자체로 큰 행복이고 의미가 아닐까?

북큐레이션 • 원하는 곳에서 꿈꾸고, 가슴 뛰는 삶을 살고픈 이들을 위한 책

《스탠퍼드는 이렇게 창업한다》와 함께 읽으면 좋은 책. 남보다 한 발 앞서 꾸준함을 가지고 미래를 준비하는 사람이 주인공이 됩니다.

성과 부진 매장
진단 및 개선
방법 수록

매출 때문에 고민입니다

지현 지음 | 16,000원

입소문 타는 매장은 그만한 이유가 있다!
지나가는 사람도 단골로 만드는 매장 운영 노하우 공개

매장 운영자들의 가장 큰 걱정은 뭐니 뭐니 해도 매출이다. 올라도 모자랄 판에 제자리걸음이거나 오히려 떨어진다면 그보다 속 타는 일도 없다. 매년 수많은 매장이 생겨나고 문을 닫는다. 고객이 몰리는 매장은 대체 무엇이 어떻게 다른가? 마케팅, 인간력, 감성, 서비스력을 갖춘다면 지금보다 획기적인 성장이 가능하다고 생각하는 저자는 매출을 증대하기 위해서 무엇을 해야 하는지, 고객과 무엇을 소통해야 할지, 구성원들을 성장시키기 위한 방법은 무엇인지에 대한 구체적인 방향을 제시한다.

학생 이탈 방지
비결 공개

이제 돈 되는 공부방이다

황성공 지음 | 14,500원

2만 명 원장들이 실전에서 도움받은
네이버 카페 '성공비'의 공부방 성공 비결

전국의 2만 명 넘는 원장들이 서로 노하우를 공유하는 네이버 카페 '성공비'를 운영하면서 1 : 1 상담을 통해 실전 노하우를 전수하고 있는 저자의 상황별 문제 해결법이 상세하게 공개된다. 공부방이 잘되는 지역을 고르는 법, 학부모와 학생 모두 만족하는 커리큘럼 짜는 법, 아이들이 지루해하지 않게 숙제 내주는 법, 소개가 이어지도록 하는 공부방 대상 선정, 원장도 힘들지 않고 학생들도 꾸준히 유지되는 반 편성, 5~6년 동안 계속 다니게 만드는 학부모 관리 등 공부방을 계획하는 사람들이 지금 당장 적용할 수 있는 현실적인 노하우를 알려준다.

사장 교과서

주상용 지음 | 14,500원

사장, 배운 적 있나요?
사장이 반드시 알아야 할 기본 개념 40가지

이 책에서는 기업 CEO들의 생각 친구, 경영 멘토인 저자가 기업을 성장시키는 사장들의 비밀을 알려준다. 창업 후 자신의 한계에 부딪혀 심각한 성장통을 겪고 있는 사장, 사람 관리에 실패해서 바닥을 경험하고 새로운 재도약을 준비하고 있는 사장, 위기 앞에서 이젠 정말 그만해야겠다고 포기하기 직전에 있는 사장, 어떻게든 사장을 잘 도와 회사를 성장시키려는 팀장 또는 임원, 회사의 핵심인재가 되려고 사장의 마음을 알고 싶은 예비 해결사 직원, 향후 일 잘하는 사장이 되려고 준비 중인 예비 사장들에게 큰 도움이 될 것이다.

작은 가게 성공 매뉴얼

조성민 지음 | 13,800원

KBS, SBS, 한국경제TV 각종 언론에서
앞 다투어 찾는 '작은 가게 창업 멘토'

100만 창업 시대다. 취업난과 베이비붐 세대 은퇴로 하루하루 과열되는 창업 시장 속에서 작은 가게의 생존율은 갈수록 낮아지고 있다. 이 책은 좁은 상권 안에서 7개의 카페들과 경쟁하면서도, 매일 200명의 손님이 방문하는 13평 짜리 알짜배기 작은 가게를 키워낸 오너 조성민의 전략이 담긴 책이다. 저자가 전하는 매출, 단골, 재방문률 모두 잡는 매뉴얼 작성법을 따르다보면, 대형 프랜차이즈뿐 아니라 어떤 가게도 따라할 수 없는 우리 가게만의 전략이 완성될 것이다. 월급 3배 버는 작은 가게, 절대 꿈이 아니다!